Moshe Zuckermann
Zweierlei Israel?

D1720478

Moshe Zuckermann
Zweierlei Israel?

Auskünfte eines marxistischen Juden
an Thomas Ebermann, Hermann L. Gremliza
und Volker Weiß

KONKRET
Texte 34
2003
KVV konkret, Hamburg
Titelfoto: at gezett
Satz: satzbau GmbH, Hamburg
Druck: Fuldaer Verlagsanstalt GmbH, Fulda
ISBN 3-930786-39-7

Zu diesem Buch

Hamburg-Altona, drei Tage im September 2002. In einem Seminarraum der Werkstatt 3 sitzen zusammen: Moshe Zuckermann, Sohn polnischer Holocaust-Überlebender, geboren 1949 in Tel Aviv, aufgewachsen als Kind in Tel Aviv, als Jugendlicher in Frankfurt am Main, 1970 als linker Zionist nach Israel zurückgekehrt, heute Direktor des Instituts für Deutsche Geschichte an der Universität von Jerusalem; Thomas Ebermann, Kommunist erst im Kommunistischen Bund (KB), später als Vorsitzender der Fraktion der Grünen im Bundestag, Publizist (unter anderem für KONKRET) und Buchautor, zuletzt »Sachzwang und Gemüt« (mit Rainer Trampert); Volker Weiß, Mitarbeiter des Freien Sender-Kombinats Hamburg (FSK), Zuckermann-Schüler; Hermann L. Gremliza, Herausgeber von KONKRET.

Initiator des Gesprächs und dieses Buchs: Thomas Ebermann (»Eine Apologie der Staatsführung Israels ist antiaufklärerisch«), der sich bei verschiedenen Gelegenheiten geärgert hatte, den jüdischen Marxisten Zuckermann in deutschen Debatten als Kronzeugen nicht nur gegen die Politik israelischer Regierungen, sondern gegen die Existenz Israels angeführt zu sehen – mißbräuchlich, wie die Lektüre seiner Arbeiten, besonders »Zweierlei Holocaust« (Göttingen 1998), zu belegen schien. Ein gründliches Gespräch mit Zuckermann sollte entweder die Vermutung mißbräuchlicher Instrumentalisierung widerlegen oder künftigen Mißbrauch verhindern. So der Plan, zu dem auch gehörte, die bereits öffentlich diskutierten Unterschiede in den Ansichten der drei deutschen Gesprächsteilnehmer erkennbar zu machen.

Es kam anders. Alle vier Teilnehmer, ob Karl Liebknechts Wort folgend, daß der Feind immer im eigenen Land stehe, oder der älteren Rede vom Balken im eigenen Auge, verfuhren nach der Maxime, Kritik gewinne ihre Würde daraus, daß der Kritiker mit ihr bei sich und den Seinen beginnt, weshalb Zuckermann drei Tage lang sich mühte, seinen deutschen Gesprächspartnern ihre Flausen über den Staat Israel und seine Gesellschaft zu vertreiben, während Ebermann, Weiß und Gremliza versuchten, Zuckermann seine Illusionen über die von der Vizepräsidentin des Bundestags als »gründlich zivilisiert« angepriesenen Deutschen zu nehmen. (So sehr verschwanden die Differenzen der drei hinter diesem gemeinsamen Impetus, daß die persönliche Zuordnung ihrer Ansichten und Fragen überflüssig erschien.)

Das vorliegende Buch ist nicht, was es nicht sein sollte: ein weiterer der unzähligen Versuche, die je eigene Position im deutschen Meinungsstreit durch die Anrufung eines jüdischen Zeugen zu salvieren. Es ist aber auch nicht, was es werden sollte: die Dokumentation kontroverser Ansichten. Zuviel hatte Zuckermann zu sagen, zu viel hatten Ebermann, Weiß und Gremliza nur zu fragen. So ist ein Buch entstanden, in dem ein linker jüdisch-israelischer Historiker seine Ansichten und Erkenntnisse dargelegt, befragt und zu Verdeutlichung wie Widerspruch angeregt von drei Leuten, denen Israel und die Juden auf andere Weise gefährdet scheinen als dem israelischen Staatsbürger Zuckermann. Eben: »Zweierlei Israel«.

HLG

Hamburg, im März 2003

»Israel – die abstrakte Zuflucht«

Frage: 1969 hat Jean Améry, Überlebender des Holocaust, in seinem Essay »Der ehrbare Antisemitismus« die radikale Linke, der er sich im übrigen verbunden fühle, beschuldigt, es sei in ihrem Antiisraelismus oder Antizionismus der Antisemitismus enthalten wie »das Gewitter in der Wolke«. Wolle die Linke ihrer eigenen Moral treu bleiben, immer auf der Seite der Schwachen zu stehen, habe sie sich auf die Seite Israels zu stellen; die Stärkeren an Zahl und Ressourcen seien die Araber, Israels Bestand aber sei »unerläßlich für alle Juden, wo immer sie wohnen mögen«. Niemand könne garantieren, daß nicht wieder irgendwo, Améry nennt seltsamerweise erstens die USA und zweitens Frankreich, Juden verfolgt würden und auf Zuflucht angewiesen seien. Die Forderung der praktischen politischen Vernunft gehe dahin, »daß die Solidarität einer Linken, die sich nicht preisgeben will, ohne daß sie dabei das unerträgliche Schicksal der arabischen Flüchtlinge ignorieren muß, sich auf Israel zu konzentrieren hat«. Hatte Amery damals recht, hat er es heute?

Zuckermann: Die Linke hat bis 1967 Israel keineswegs als einen Feind angesehen, im Gegenteil. Es gab eine Solidarität, eine sehr romantisierte, auch geschichtsphilosophisch überhöhte Solidarität mit Israel. Der Umschlag hat erst 1967 stattgefunden, nach dem sogenannten Sechs-Tage-Krieg, an dessen Ende die Okkupation der Sinai-Halbinsel, des Gaza-Streifens, der heutigen West Bank und der Golanhöhen stand. Israel war plötzlich von einem Staat, der als schwächerer von einer arabischen Übermacht bedroht schien, zu einem Besatzungsstaat mutiert – ohne daß Israel sich selber schon als Okkupationsstaat begriffen hätte. Bis 1970 etwa noch herrschte die Vorstellung, daß man einen Krieg gewonnen hatte – und es war gut, daß man ihn gewonnen hatte, denn sonst hätte es Israel nicht mehr gegeben –, und daß man mit den besetzten Gebieten ein Faustpfand in der Hand habe, gegen das man Frieden eintauschen konnte. Das war die Politik der großen Koalition, der nationalen Einheit, die damals noch von der Arbeitspartei geführt wurde.

Daß der Umschwung gegen Israel bei der deutschen Linken schon 1968 stattgefunden hat, ist in der Tat ein Indiz dafür, daß da irgend etwas eine Rolle spielte, was man, wenn man sehr gutwillig sein will, als tiefere Einsicht in einen geschichtlichen Prozeß verstehen kann, oder aber, wenn man realistisch sein will, als etwas ganz anderes. Diesen Umschwung hat es übrigens nicht nur bei den Linken gegeben, sondern etwa auch bei Rudolf Augstein, der bis dahin ein großer Anhänger Israels war. In Augsteins Kritik an Israel wurde dann deutlich, daß da ganz andere schwerkalibrige Momente eine Rolle spielen.

Was allerdings Jean Améry dazu sagt, ist bis zum heutigen Tag ein Problem geblieben. Israel mag damals als der Schwächere erschienen sein – gegenüber 120 Millionen Arabern. Was aber die militärischen Verhältnisse anbelangt, galt das nach den neuen Erkenntnissen der israelischen Historiographie schon 1948 kaum noch. Ezer Weizman, der große Held der israelischen Luftwaffe und spätere Staatspräsident Israels, sagte mir jüngst, das israelische Militär habe 1967 genau gewußt, daß es überlegen war. Die Frage, wer schwach und wer stark war, hätte unter rein militärischen Gesichtspunkten ganz anderes beantwortet werden können als von Améry.

Ob Israel bestehen muß, ist wieder eine ganz andere Frage. Israels Existenz stand damals zumindest in der Empfindung der israelischen Bevölkerung auf dem Spiel. Einen Monat lang, im Vorfeld des Krieges, haben die Menschen wirklich geglaubt, hier komme der nächste Holocaust. Die Militärs wußten es besser. Aber es steht keinem an, zu fragen, ob Israel zu bestehen hat oder nicht. Israel muß bestehen. Wenn Israel bestehen will, wenn Juden meinen, in diesem Land ihr Land zu sehen, ist das keine Frage, über die ich mit Deutschen gut diskutieren kann.

Weil Israel, wie Améry meinte, den Juden in aller Welt als Ort der Zuflucht dient?

Das ist wieder ein ganz anderes Problem. Es war ein Postulat der zionistischen Ideologie, den Juden in der Diaspora mit der Gründung des Staates Israel eine Alternative zu bieten. Aber ein Großteil des jüdischen Volkes hat die Entscheidung getroffen, Israel nicht als sein reales Heimatland anzusehen. Das gilt ganz bestimmt für die amerikanischen Juden von Anbeginn, denen auch von zionistischer Seite bedeutet wurde, sie sollten ruhig in der »Diaspora« bleiben, unter anderem, weil man sich im Ost-West-Konflikt für den Westen entschieden hatte und über diese Gemeinschaft Einfluß in Amerika wahren wollte. Aber auch für viele Juden, die nicht in Amerika lebten, war Israel keine Option. Weit über 50 Prozent des jüdischen Volkes wollten nicht in Israel leben.

Jean Améry auch nicht.

Besagte Zuflucht ist für die allermeisten Juden etwas Abstraktes. Israel meint bei ihnen nicht so sehr eine reale Existenz, sondern bildet eher die Metapher für eine Art welthistorischer Versicherungspolice. Es gab in den sechziger Jahren eine große Auswanderungswelle aus Israel, und erst nach dem Sechs-Tage-Krieg und der folgenden Prosperität kam es zu einer erneuten größeren Zuwanderung. Der Gedanke, Israel müsse als mögliche Zuflucht für Juden existieren, war also damals schon prekär. Er ist immer prekärer geworden, je mehr sich herausstellte, daß es für Juden immer gefährlicher werden sollte, in Israel zu leben. Daß Israel nach Auschwitz ein Ort der Sicherheit für die Juden sein sollte – stimmte das so? Stimmte das für Juden, die ein ökonomisch besseres Leben suchten? Stimmte das für die orthodox-religiösen Juden, die dort, in der zionistischen Kultur, ihr jüdisches Leben nie wirklich leben konnten? Stimmte das für nichtzionistische Linke, und war ein jüdischer Kommunist dort nicht eher ein Verfolgter im eigenen Land?
Israel als Zufluchtsort hat, angesichts der realen Lebenszustände, immer einen Hauch von metaphorischem Abstraktum gehabt; es taugte besser für die Diskussion in der Diaspora und für die Propaganda der zionistischen Ideologie als zur Beschreibung einer Wirklichkeit. Noch problematischer wurde es

nach dem Jom-Kippur-Krieg 1973, als Israel in eine neue Phase von Kriegen einging und die Sicherheitslage auch infolge der Gründung der Siedlerbewegung immer prekärer wurde. Die Sicherheitsfrage war nun nicht mehr nur ein Politikum, sondern eine reale, existenzbedrohende Angelegenheit. Heute ist das jüdische Individuum nirgendwo auf der Welt so bedroht wie in Israel, und auch die kollektive Bedrohung der Juden ist in Israel größer als in jedem anderen Land der Welt. Gemessen daran ist die Aussage von Jean Amery mittlerweile als total obsolet ad acta zu legen.

Seit dem Mittelalter waren die europäischen Juden immer auf den Schutz oder die Gnade anderer angewiesen – von der Zeit der Schutzgeldpolitik, wie sie die mittelalterlichen Fürsten und Kaiser betrieben haben, bis zur britischen Mandatspolitik. Es hing von der Gnade oder Ungnade anderer ab, wie viele Millionen die Shoa überleben oder nicht. Vor diesem Hintergrund erscheint der Gedanke, daß ein jüdischer Staat, der sich seine Einwanderungspolitik nicht von der britischen Mandatsmacht oder einer europäischen Konferenz genehmigen lassen muß, eine Überlebensgarantie darstellt, überhaupt nicht abstrakt.

Da kollidieren zwei Kategorien. Seit dem Mittelalter und vielleicht noch vorher waren Juden immer auf den Schutz anderer angewiesen, für gewöhnlich auf den der Obrigkeit, was dann zu Ressentiments von unten führte. Im Holocaust ist die Schutzlosigkeit und die Ohnmacht der Juden zu einer welthistorischen Katastrophe von paradigmatischem Charakter ausgeartet. Daß die Juden vom Schutz anderer abhängig waren, das sollte nicht so weitergehen, und spätestens nach Auschwitz war klar, das konnte nicht so weitergehen. Daß die Juden wehrhaft werden und auch sonst über ihre Lebensart selbst bestimmen können sollten, steht ganz außer Frage. Dieses Selbstverständnis ist ein Erbe des klassischen Zionismus und sein allerstärkstes Argument. Das gilt bis heute. Juden müssen in der Lage sein, sich wehren zu können.

*Waren die Araber vorher keine
Bedrohung?*

Wovon ich sprach, ist ein bestimmter historischer Zeitpunkt, die Zeit nach dem Sechs-Tage-Krieg, ein Wendepunkt in der israelischen Geschichte: Israel wird Besatzungsmacht, die Sicherheitsfrage bekommt eine ganz andere Dimension. Es sind nicht mehr die Juden, die sich gegen eine Bedrohung wehren müssen, sondern Juden bedrohen andere. Seither stellt sich die Frage, wie man die Sicherheit von Juden garantieren kann, ganz anders. Aus dieser neuen historischen Situation entwickelte sich in den folgenden Jahren das Desaster, daß Juden heute in Israel mehr bedroht sind als anderswo. Was der Zionismus richtig wollte, ist ins Gegenteil umgeschlagen durch zionistische Realpolitik. Das gilt nicht nur für die Sicherheitsfrage, es gilt für die sozialistischen Ideale, für die Einheit des Volkes, für den säkularen Staat. Es gilt für sehr vieles, was der Zionismus sich vorgestellt hat und wovon wir heute wünschten, es hätte sich verwirklichen lassen. Wir können heute nicht mehr vom klassischen Zionismus reden, ohne den real existierenden Zionismus in Israel in Augenschein zu nehmen.

»Israel – ein gelungenes Projekt«

Du bist Nicht-Zionist.

Aber nicht Antizionist. Für mich war der Zionismus welthistorisch nicht ein a priori zu Verneinendes. Debattiert werden kann nur, ob das, was im Zionismus a posteriori zutage trat, schon im Ursprungszionismus angelegt war. Aber ich sagte schon: Diese Frage erscheint mir heute müßig.

Es war übrigens vor 1967 nicht die gesamte Linke in Deutschland voller Enthusiasmus für Israel. Die KPD zum Beispiel war vehement gegen jede Wiedergutmachung. Die Wendung von 1967 gegen Israel hatte eine politische Tradition, die bis auf Thälmann zurückgeht.

Gegen die Wiedergutmachung war nicht nur die KPD, gegen die Wiedergutmachung waren in Israel die KPI und die Revisionisten um Begin. Für viele Israelis ist die Wiedergutmachung, also das, was ich in meinen Schriften die Materialisierung der Sühne nenne, bis zum heutigen Tag keine Selbstverständlichkeit.

Einerseits hat die radikale Linke alles Bestehende zu kritisieren: Staat, Kapital, Nation, Ethnie, Volk und so weiter, andererseits hat sie alles zu verteidigen, was den Menschen im Stande der Unfreiheit ein relativ besseres Leben ermöglicht. Diese Wertschätzung soll nicht und darf nicht zur Apologie dessen führen, was man Errungenschaft oder historische Notwendigkeit nennen mag. Übrigens auch deswegen nicht, weil der Weg von blinder Liebe zu blindem Haß kurz ist. Apologeten sind nie dauerhaft solidarisch. Ein Linksradikaler betreibt also gegenüber Israel immer auch Ideologiekritik, Kritik des israelischen Nationalismus, des Zionismus, und er weiß dessen Verdienste zu schätzen. Deshalb kann für einen israelischen Linksradikalen der Hauptfeind nicht im eigenen Lande stehen. Deine Kritik gilt einer Militärmacht, der du dies und jenes verbieten willst, zum Beispiel die Besetzung von Gebieten oder das Vorgehen dort, auf deren Existenz du aber nicht verzichten kannst. Könnte es sein, daß der Zionismus die zweitbeste Lösung, die er von Anfang an war, auch bleibt?

Es gibt Errungenschaften. Die Gründung des Staates Israel ist eine Errungenschaft, samt der Infrastruktur, die dort für eine Zivilgesellschaft gelegt worden ist, dem politischen Apparat, einem funktionierenden Parlament, einem Ort der Wissenschaft, einem Schulwesen, einem akademisches Leben, einer Sprache, die wiederbelebt wurde – nahezu ein Wunder des 20. Jahrhunderts: eine tote Sprache, die nicht nur lebendig, sondern zur Alltagssprache mit Slang, zur Literatursprache, zur Lyrik- und Philosophiesprache geworden ist. Es ist, man mag es mögen oder nicht, mit einer bewundernswerten Verve eine Armee errichtet worden, die unter manchmal nicht ganz einfachen Bedingungen es doch verstanden hat, sich gegen Bedrohungen zu wehren, die übrigens nie von den Palästinensern, sondern von den etablierten Staaten wie Ägypten, Jordanien, Syrien oder Libanon ausgingen. Daß der Krieg von 1973, der im Oktober so katastrophal begann, doch noch eine Wende nahm, war eine militärische Errungenschaft, die man anerkennen muß, ob man das Militär liebt oder nicht.

Im großen und ganzen halte ich die Gründung des Staates Israel für ein nicht nur vom Standpunkt des Zionismus aus gelungenes Projekt. So sehr gelungen, daß ich nicht nur aus ideologischen Gründen entschieden habe, dort leben zu wollen – was mittlerweile nicht ganz selbstverständlich ist: Viele Leute meines Umfelds haben eine andere Entscheidung getroffen. Ich bin in Israel geboren. Ich bin mit 21 Jahren, nachdem ich zehn Jahre in Deutschland gelebt habe, zurückgekehrt. Das war eine erwachsene Entscheidung. Ich will in diesem Land auch weiterhin leben und dort um das kämpfen, worum es zu kämpfen gilt.

Israel ist durch die Shoa zur Notwendigkeit geworden. Aber die Shoa ist mehr oder weniger auch zur Matrix der Mentalität der israelischen Gesellschaft geworden und fetischisiert worden. Das Moment der Angst ist umgeschlagen in Ideologie, und daraus haben sich in der politischen Kultur eine ganze Menge Probleme ergeben. Andererseits ging die Gründung Israels einher mit einer großen Katastrophe des palästinensischen Volkes. Das darf man als Linker, als Humanist nie vergessen. Alle Kritik, die von rechtschaffenen Linken in Israel gemacht wird – ich rede nicht von denen, die bei der ersten Möglichkeit ihre Siebensachen packen und abhauen, ich rede von denen, die ein existenzielles Investment in diesem Land haben –, wird immer betrieben, um die Existenz Israels, um die Möglichkeit, dort menschlich leben zu können, zu retten. Kein israelischer Linker ist daran interessiert, daß der Staat Israel nicht mehr existiert. Das gilt für alle israelischen Linken, es gilt nicht für alle Linken in Deutschland. Allzuoft wollen Leute hier mit mir über das Existenzrecht Israels reden. Und ich sage denen: This is none of your damned bloody business.

Herzl, Nordau und andere Gründerväter des Zionismus wollten arme Juden zu stolzen Juden emanzipieren. Ihre Zielgruppe waren nicht die assimilierten Juden des deutschen Reiches und Westeuropas, sondern der gebeugte Ghettojude Osteuropas. Er war das zu emanzipierende Subjekt, für ihn war dieses Projekt angelegt. Und dann wurde diese Schtetl-Welt von den Nazis nahezu vollständig vernichtet; es kamen ganz andere Leute nach Palästina als gedacht – eine totale Abweichung vom ursprünglichen Modell. Aber auch an denen, die doch noch aus dem Osten Europas kamen, erwiesen sich sehr bald die Widersprüche des Zionismus: Jiddisch zum Beispiel als Sprache des Schtetls, als diasporische Sprache des Ghettojuden wurde in keinem Land der Welt so heftig verfolgt wie gerade im zionistischen Israel. Denn einerseits war die Shoa der endgültige Beweis für die Notwendigkeit der Negation der Diaspora. Andererseits wurde aber gerade der Diaspora-Jude zu einem Pejorativ, man begegnete ihm mit Ressentiment, mit latenter Verachtung, mit Abschätzung. Das hat im Zionismus immer schon ein großes Problem dargestellt. Das Verhältnis zu den osteuropäischen Juden war ja schon im deutschen Judentum ambivalent. Auf der einen Seite war es das, wovon man sich durch Assimilation emanzipieren wollte. Aber ein Heinrich Heine beispielsweise sah gerade in diesem Schtetl-Judentum das authentische Judentum und im assimilierten Judentum des 19. Jahrhunderts in Deutschland eine hybride Zwitterbildung.

Natürlich waren die Lebensverhältnisse im Schtetl schrecklich, die Juden wollten diesen Stinkzuständen entrinnen, sich von ihnen sozial, ökonomisch, politisch emanzipieren. Aber als infolge der Pogromwellen am Ende des 19. Jahrhunderts Juden aus Rußland nach Berlin kamen und sich im Scheunenviertel niederließen, war der Empfang, den ihnen die altansässigen deutschen Juden bereiteten, kein Ruhmesblatt der jüdischen Geschichte und der vermeintlichen jüdischen Solidarität.

Die Negation der Diaspora und die Schaffung des neuen Juden, das waren die zwei Grundpostulate des Zionismus. Israel sollte die Juden der Diaspora-Gemeinden aus aller Herren Länder aufnehmen und schmelztiegelhaft zum neuen Juden fusionieren. Der Schmelztiegel wurde dann nach der Gründung des Staates Israels nachgerade zur staatsoffiziellen Ideologie. Der Ort dieser Sozialisation durch Vermengung sollte das Militär sein, das damit neben seinem sicherheitspolitischen auch zunehmend einen entscheidenden soziokulturellen Stellenwert erhielt. Wer keinen Militärdienst geleistet hatte, konnte in sehr vielen Berufe im Lande keine Arbeit finden. Obwohl sich der Zionismus als Erbe der europäischen Nationalstaatsgründungen verstanden hat, geschah – wie bereits oben erwähnt – die nationale Befreiung des Judentums unter Voraussetzungen, die man so nirgends kannte. Denn so sehr sich die deutsche, die französische, die italienische und die englische Nationalstaatsgründung untereinander unterscheiden mochten, revolutionär in Frankreich, antirevolutionär in Deutschland, evolutionär in England, verspätet in Deutschland wie in Italien und so weiter, so hatten sie doch den einen gemeinsamen Nenner, daß ein gewisses Kollektiv auf einem bestimmten Territorium über Jahrhunderte, wenn nicht Jahrtausende existiert hatte. Diese Voraussetzung einer Nationalstaatsgründung in Europa hat es für den Zionismus nicht gegeben. Er ist sozusagen eine Kopfgeburt. Der Zionismus hat den Staat Israel im Überbau geschaffen, bevor es die Basis dafür gegeben hat. Es gab noch kein Territorium, auf dem ein Kollektiv einen Staat gründen sollte, und das Kollektiv, das dieses Territorium bevölkern sollte, war ein eher abstrakter Begriff, keine wirkliche soziologische Größe. Es ging um eine zunächst noch fiktive Heimstätte für die Juden, die verfolgt wurden, und zwar die aschkenasischen Juden.

Ganz und gar ausgeblendet aus dem zionistischen Projekt waren zunächst die orientalischen Juden. Die kommen in den Urschriften des Zionismus und den zionistischen Utopievisionen des 19. Jahrhunderts gar nicht vor. Nicht etwa aus vorsätzlicher Bösartigkeit – sie waren einfach nicht im Blickfeld der europäischen Zionisten. Der Zionismus war ein aschkenasisches Projekt, ein westliches Projekt, ein Projekt der Moderne. Orientalische Juden galten nicht als Bestandteil dieser Moderne, weder in ihrem politischen Selbstverständnis noch in der Realität ihres ökonomischen Daseins, und schon gar nicht in ihrer kulturellen Ausrichtung. Die meisten orientalischen Juden waren traditionelle Juden, und genau diesem traditionellen Judentum wollte der klassische Zionismus entrinnen. Als es darum ging, welche Nationalsprache in dem zukünftig zu gründenden Staat Israel gesprochen werden sollte, standen Hebräisch und Jiddisch, mithin die Sprache der osteuropäischen Juden, zur Disposition, keine Sprache also, die die orientalischen Juden sprachen. Die orientalischen Juden kamen erst ins Blickfeld des Zionismus, nachdem die europäische Katastrophe passiert war. Als sich 1948 herausstellte, daß mit den 650.000 Juden in Palästina und 150.000 verbliebenen Arabern – die anderen waren vertrieben oder sind geflüchtet – kein Staat zu machen war, weil diejenigen, die ursprünglich dieses Land bevölkern sollten, von den Nazis ausgerottet worden waren, hat der Staat eine große Einwanderungswelle ins Werk gesetzt, mit der jemenitische, marokkanische und irakische Juden nach Israel geholt wurden.

Im marokkanischen Fall war die etablierte jüdische bürgerliche Elite nach Frankreich ausgewandert. Nach Israel kamen die Leute aus dem Atlas-Gebirge, Fellachen, Menschen aus sozio-ökonomisch unterbemittelten Schichten der Gesellschaft. Ähnlich im Falle Jemens, wo es freilich nie eine große jüdische bürgerliche Intelligenzschicht gegeben hat. Anders die irakische Einwanderung – da kamen aus dem bagdadischen jüdischen Handelsbürgertum eine Menge Bürgerliche, alle gut ausgebildet, auch viele Kommunisten, alle sehr gebildet und von westlichen politischen Werten geprägt. Deren Einwanderung ist eine der Erfolgsgeschichten der Integration im modernen Israel. Was aber bei der Einwanderung nach Israel aus den orientalischen Ländern mit importiert wurde, ist eine Ethnisierung der Klassen. Die aschkenasischen Juden bilden mehr oder minder bis heute die oberen Klassen, die orientalischen die unteren, wobei viele der arabischen Bürger Israels die untersten sozio-ökonomischen Schichten bevölkern. Aus dem schönen Postulat, alle Diaspora-Gemeinschaften zu vereinen, aus dem modernen Projekt eines Staates, der für alle Juden da sein sollte, wurde eine ethnisch strukturierte Klassengesellschaft. Es war, wie stets hervorgehoben werden muß, kein böser Wille mit am Werk, keine vorsätzliche Repressionspolitik, aber allein schon die Chronik der Einwanderungswellen – Russen, Deutsche, Polen, dann die Gründung des Staates, und dann erst Marokkaner, Jemeniten, Irakis – führte dazu, daß die orientalischen Juden in eine Struktur gelangten, deren Hegemonialverhältnisse bereits bestimmt waren.

Der frühe Zionismus ist nicht erklärbar ohne die Ahnung, daß das bürgerliche Versprechen der Emanzipation nicht funktionieren wird. Er ist nicht denkbar ohne das Aufkommen der antisemitischen Parteien in Deutschland, ohne die Dreyfus-Affäre und ohne die Beliebtheit der »Protokolle der Weisen von Zion«. Der frühe Zionismus macht Front gegen jene Juden, die sagen: nur Ruhe, das gibt sich, wir kommen zu Emanzipation durch Assimilation. Er macht Front gegen jene Juden, die sagen: Diese Probleme wird es nicht mehr geben, wir stehen am Vorabend der kommunistischen Weltrevolution, wir sind völlig desinteressiert an Nationalstaatsgründung. Und er steht in Opposition zum orthodoxen, zum religiösen Judentum.

Hätte die bürgerliche Emanzipation geklappt, wäre die Assimilation möglich gewesen, hätte es die Shoa nicht gegeben. Das ist ein Problem für viele Zionisten, die diese negative Begründung des Zionismus nicht haben wollen. Aber ganz ohne Zweifel kann gesagt werden, daß es sehr frühzeitig, in der zweiten Hälfte des 19. Jahrhunderts, diese Ahnung, diese Hellsichtigkeit, gegeben hat, daß aus der Emanzipation, aus der Assimilation, aus der Symbiose zwischen Juden und Deutschen nichts wird.

Der Zionismus, der die Schtetl-Juden emanzipieren wollte, versprach vor allem den jungen Leuten eine Befreiung von den religiösen Ritualen und den drangsalierenden Rabbinern, also von der Religion.

Das ist nicht ganz so einfach mit der Religion im Zionismus. Einerseits wollte man die Religion loswerden, man wollte sie überwinden, man wollte eben keine Theokratie wie sie das hallachische Judentum erhoffte, welches die Wiedererstehung des alten Königreichs Israel nach der Ankunft des Messias erwartete. Wenn man aber die Juden aus aller Herren Länder im Land Israel zusammenführen wollte, mußte man die Frage beantworten: Warum Israel? Es gab nur eine Antwort: Weil es das von Gott verheißene biblische Land ist. Wie sollte man auch all diesen Juden aus aller Welt, die nichts miteinander gemein hatten außer ihrer Religion, eine kollektive Identität auf andere Weise anbieten? Wenn nicht mit der negativen Bestimmung, der vom Antisemiten geprägten Identität des Juden, dann war die Religion in der Tat das einzige positive Angebot in dieser Hinsicht. Es war paradox und ist heute in Israel von größter politischer Relevanz, daß der säkulare Zionismus – ich rede jetzt nicht vom traditionellen religiösen Zionismus, von der Zionssehnsucht, die über Jahrtausende bestand, ich rede vom politischen, vom praktischen Zionismus, der sich als säkular verstand – die Religion brauchte, wenn er die Juden aus aller Welt in diesen neu zu gründenden Staat bringen wollte. Es gab keine anderen positiven gemeinsamen Nenner. Somit war auch das problematische Kriterium für die Staatsbürgerschaft eingebracht.

Dazu gehörte zudem, daß man Hebräisch zur Sprache dieses Staates machte, die Sprache der Heiligen Schrift, die Heilige Sprache. Und schließlich die Tatsache, daß man auch in der negativen Bestimmung des Judenstaates den Holocaust als ein jüdisches Ereignis interpretierte, nicht als eine welthistorische Katastrophe, sondern als eine jüdische Katastrophe, die zum Kriterium der Selbstbestimmung in die zionistische Ideologie mit einging. Die Geschichte von der Emanzipation vom Schtetl-Leben stimmt einerseits – die jungen Leute wollten nichts mehr mit der Religion der Väter zu tun haben, sondern einen neuen, einen sozialistischen Staat gründen. Aber wenn man heute in Tel Aviv, einer modernen, sehr offenen, sehr kosmopolitischen Stadt, junge Leute fragt:

Was seid ihr denn?, sagen nur sehr, sehr wenige, daß sie Atheisten oder Freidenker seien. Die Religiösen sagen: Wir sind religiöse Juden, und die meisten Leute, die sich nicht gerade dadurch auszeichnen, daß sie die religiösen Gebote einhalten, bezeichnen sich als traditionell. Sie wollen, daß der Ritus erhalten bleibt, auch wenn sie selber ihn nicht befolgen. Diese Haltung ist indirektes Resultat einer Staatsideologie, die zu dem merkwürdigen Zustand führt, daß ein Mensch 70 Jahre lang in Rußland gelebt hat und an dem Tag, wo er entscheidet, nach Israel zu kommen, wenn er Jude ist, israelischer Staatsbürger wird, aber ein Palästinenser, der nach 20-30jähriger Abwesenheit nach Israel zurückkehren will, nicht nur keine Chance hat, Bürger zu werden, sondern unter Umständen aus politischen Gründen auch die Einreise verweigert bekommt, obwohl er in Israel geboren ist und seine Familie dort lebt.

Es ist immer auch ein bißchen komisch, wenn kluge Autoren nationale Identitäten konstruieren wollen. Der Doyen der israelischen Soziologie, Shmuel Noah Eisenstadt, ist unentwegt mit der Frage beschäftigt: Was macht uns nun aus? Mal muß er zurück zum ersten Tempel, dann zum zweiten Tempel, er ist immer am Basteln, er braucht historische Bezüge, die einfach schöner Unsinn sind. Er hat ein ganz positives Verhältnis zu Israel und trotzdem die Fähigkeit zu souveräner Kritik, so wenn er vom »halbkolonialen Umgang« mit der arabisch-israelischen Minderheit spricht.

Er spricht die Probleme an, vertagt aber das Aporetische in die Zukunft. Ein Beispiel: Israel, der Schmelztiegel. Er meint, es werde eine Generation, zwei Generationen dauern, bis orientalische Juden und aschkenasische Juden sich so vermengt haben, daß die Gegensätze verschwinden. Tatsächlich ist die Zahl der »Mischehen« gestiegen, aber das Problem ist mitnichten aus der Welt. Es ist keine Frage von einer oder zwei Generationen, ganz im Gegenteil. Das Ressentiment scheint nur angestiegen zu sein. Zwei Generationen später thematisiert die orientalische Intelligenz nicht nur das Klassenproblem.

Sie wirft dem Zionismus vor, daß er ein westliches, ein modernes, ein aschkenasisches Projekt sei, dazu geschaffen, die orientalischen Juden ihrer Kultur zu berauben, sie – ich zitiere – zu »vergewaltigen«.

Der israelische Militärsender, eine Zeitlang der progressivste von allen Sendern in Israel, widmete in den achtziger Jahren nur 13 Prozent der gesamten Musik-Sendezeit dem sogenannten orientalischen Gesang. Das ist dann in den neunziger Jahren zum Politikum der orientalisch-jüdischen Intelligenz geworden. Die Mißachtung der jüdisch-orientalischen Kultur hat sich in einem Bild niedergeschlagen, auf dem ein jüdisch-orientalischer Künstler ein Geschichtsbuch für jüdische Geschichte, das 490 Seiten dick ist, an den zehn Seiten vor die Kamera hält, die den orientalischen Juden und ihrer Geschichte gewidmet sind – alles andere befaßt sich mit jüdischer Geschichte aus aschkenasischer Sicht.

Der Raub einer Kultur ist nicht weiter schlimm, solange dabei Menschen keinen Schaden nehmen.

Ein orientalische Intellektueller in Israel würde darauf antworten: typisch aschkenasischer Christ. Ich würde es natürlich sofort unterschreiben, einerseits. Andererseits stellt es natürlich ein reales soziales Problem dar. Die Generation von Eisenstadt hatte das Gefühl, daß ihr Staat und Gesellschaft auseinanderfallen, daß man ihr den Staat »stiehlt«, sie ihres Lebenswerks beklaut. Uri Ram, einer der sogenannten neuen Historiker Israels, hat in den neunziger Jahren nachgewiesen, wie sehr die israelische Soziologie rekrutiert wurde, um das zionistische Projekt noch einmal, und zwar wissenschaftlich-soziologisch, zu legitimieren. Einer der Attackierten bei dieser Untersuchung war Eisenstadt.

Mittlerweile gibt es aber auch eine Bewegung von unten. 1984 ist die Schas-Partei entstanden, die drei zentrale Neuralgiemomente der israelischen Gesellschaft vereinigt: Es ist eine Partei, deren Klientel sich zu 99 Prozent aus orthodoxen, orientalischen Juden zusammensetzt. Weil diese Menschen zum größten Teil arm sind, ist die Schas-Partei zudem eine Partei mit sozialen Anliegen – natürlich nicht marxistisch verstandenen, aber eben doch sozial-ökonomischen Anliegen. Die Geschichte dieser Partei ist eine der Erfolgsgeschichten der israelischen politischen Geschichte und Kultur. Seit 1984 ist sie von vier Mandanten bis zur letzten Wahl auf 17 Mandate angestiegen, und ich glaube nicht, daß das schon das Ende ihrer Geschichte ist, sie hat ein noch größeres Potential. Dieses Anwachsen indiziert einen Aufstand der Massen – aus westlich-emanzipativer Perspektive freilich keinen emanzipatorischen Aufstand. Er ist ethnisch begründet, religiös-fundamentalistisch und von Ressentiments getragen. Er ist die Opposition gegen das aschkenasische Projekt, von dem man jetzt sagen kann, es habe es gut gemeint, es sei vielleicht sogar gut gewesen, mittlerweile aber zu dem ausgeartet, was diese Leute heute als einen großen Mechanismus zur Repression ihrer Existenz und ihres kulturellen Selbstverständnisses empfinden. Sie fühlen sich sozusagen als Fremde im eigenen Land, das von westlichen, modernen, aschkenasischen Zionisten beherrscht wird.

Noch ein Wort zu Eisenstadt. Was er so gerne möchte, was er so bewundert, was er apologisiert, ist, daß in Israel ganz unterschiedlich motivierte Leute zusammenfinden. Bis 1933 solche, die das zionistische Ideal teilen, nach 1933 die, die nicht wissen, wohin sie sollen – Arnold Zweig hätte es wohl nie nach Israel verschlagen ohne den Nationalsozialismus. Zweig hat immer die Klugheit der Schtetl-Bewohner gerühmt. Sein Grischa trifft im Schtetl sehr kluge, ganz wunderbare Menschen, nichts Abschaumhaftes; der schöne Tischler, der da auf den noch schöneren russischen Soldaten trifft – das sind etwas idealisierende Bilder, aber auch Projektionen auf den noch nicht existierenden Staat Israel.

Kein typischer Fall, denn Arnold Zweig ging ja dann in die DDR. Mein Doktorvater Walter Grab hat immer gesagt: Ich bin nicht aus Zionismus, sondern aus Wien gekommen. Viele Leute, die aus Not immigriert sind, haben im nachhinein ihr Kommen zionistisch verstanden, zum Teil sogar auch Kommunisten, die ihre Lebensgeschichte als nur Verschlagene nicht wegwerfen lassen wollten, sondern durchaus meinten: Hier haben wir gelebt, hier haben wir Familien gegründet, hier haben wir Berufe ausgeübt, das war unser Lebenswerk. Dem wohnte im nachhinein ein gewisses zionistisches Moment inne, ganz ohne Zweifel.

Es gibt in der Tat vieles zu bewundern, was in Israel geleistet worden ist, aber es wird auch eine ganze Menge ideologisiert, durch falsches Bewußtsein verzerrt und entstellt. Es wird versucht, das, was in der Realität nie so existiert hat, zu rationalisieren. Ephraim Kishon erzählt den Witz von dem nächtlichen Riesenstreit zwischen Nachbarn in den frühen sechziger Jahren, da kommt ein jemenitischer Jude auf den Balkon und schreit »Ben Gurion«. Die servilen orientalischen Juden hatten (wie die meisten Israelis der ersten Jahre nach der Staatsgründung) in Ben Gurion ihre heroische Symbolgestalt gesehen. Der jemenitische Jude hat also seinen Gott gerufen. Es gab eine Art ideologische Käseglocke, unter der all diese Widersprüche subsumiert wurden. Es hat Jahrzehnte gedauert und bedurfte einer Bewußtwerdung der Unterprivilegierten, Diskriminierten, der den repressiven bürokratischen Mechanismen Ausgesetzten, bis sie anfingen, Dinge in Frage zu stellen. Es war einerseits die Kritik der Intelligenz, der aschkenasischen wie der orientalischen, andererseits aber auch und ein Ressentiment, das von unten kam. Übrigens zum ersten Mal politisiert, ökonomisch zwar noch nicht selbstbestimmt, aber indizierend, daß es ein solches Ressentiment gibt, hat sich dieser ethnische Faktor in den Wahlen von 1977 niedergeschlagen, als die Hegemonie der Arbeitspartei zusammenbrach und Menachem Begin die Macht übernahm. Er beutete diesen ethnischen Faktor sehr effektiv aus und gewann die zu kurz gekommenen orientalischen Juden für sich, die seine Klientel wurden und bis zum heutigen Tag Likud-Wähler geblieben sind.

»Israel – ein künstlicher Staat?«

Dem Zionismus als nationaler Konstitutionsideologie, sagst du, habe gefehlt, was die Deutschen und die anderen europäischen Nationalstaaten hatten: ein Land, bewohnt von Leuten gleicher Sprache. Das war vielleicht in Europa so. Aber nehmen wir die Gründung der Vereinigten Staaten von Amerika. Die war so »künstlich« wie die Gründung Israels, und was du über die orientalischen Juden sagst, erinnert sehr an die schwarze Bevölkerung der USA.

Es gibt einen Unterschied: Die Vereinigten Staaten konstituierten sich aus einer organischen Abfolge von Ereignissen, die aus sich heraus den Staat eines Tages haben entstehen lassen. Man hat nicht gesagt: Wir gründen morgen die Vereinigten Staaten, dann holen wir die Hispanier dazu, dann die Schwarzen, die Roten, die Gelben. Die waren alle schon mehr oder minder da, als es zur Gründung des Staatenbundes kam. Die allermeisten orientalischen Juden mußten hingegen erst von der israelischen Regierung ins Land geholt werden, um einen Nationalstaat errichten zu können. Der Zionismus war demnach ein Projekt, das bewußt im Überbau angesetzt hat, als er den Staat visionierte (lange bevor er ihn proklamierte). In Amerika wurde nichts von vornherein proklamiert, sondern es etablierte sich aus einer historisch gewachsenen Situation heraus eines Tages ein Staat. Für Israel gab es ein Konzept, bevor ein Territorium für den zu gründenden Staat zur Verfügung stand, ja bevor es überhaupt die künftigen Staatsbürger gab – die orientalischen Juden waren gar nicht im Blickfeld derer, die da was Neues schaffen wollten. Dieses »Neue Jerusalem« war im Wortsinn ein Projekt, das heißt eine Unternehmung, die in die Zukunft projiziert wurde, die es so nirgends gegeben hat.

Richtig ist allerdings, daß die Strukturprobleme Israels mit denen eines Einwanderungslandes vergleichbar sind. Die Rollen der orientalischen Juden und der Araber in Israel sind vergleichbar mit dem, was Schwarze in den Vereinigten Staaten bis vor kurzem zu erleiden hatten. Eingefleischte Zionisten argumentieren, daß die zionistische Bewegung deshalb nicht untergehen darf und auch nicht aufhören muß, sich zionistisch zu nennen, weil sich noch nicht das gesamte jüdische Volk im Lande Israel versammelt hat. Israel würde, wenn alle in der Welt lebenden Millionen Juden kämen, sehr schnell explodieren, und doch ist für viele das Projekt, daß die Juden im »Land der Urväter« sich neu konstituieren, noch nicht beendet. Das erste, was die Regierung Sharon getan hat, als in Argentinien Armuts-Unruhen ausbrachen, war das Angebot an die argentinischen Juden, ihnen den Umzug nach Israel zu bezahlen.

Weil sie in Argentinien angegriffen wurden.

Weit über neunzig Prozent der argentinisch-jüdischen Bevölkerung sind nicht nach Israel gekommen. Wie es 300 bis 400 Leuten, die gekommen sind, in Israel ergehen wird, muß noch abgewartet werden. Schon klagen manche von ihnen, Israel sei auch nicht das Paradies. Israel ist, trotz aller ideologischer Geschichts- und Realitätsklitterung, kein Paradies für jemanden, der aus einem Land wie Argentinien kommt. Es liegt kein Gold auf den Straßen. Aber im Gegensatz zu dem, was die meisten Regierungen heute sagen – »Kommt nicht in unser Land, und wenn ihr in unser Land kommt, müßt ihr selbst für eure Existenz sorgen« –, lädt der israelische Staat die Juden aller Länder ein und begrüßt sie mit einem sogenannten ökonomischen Korb, der ihren Unterhalt für zwei Jahre sichert. Das gibt es nirgends, das ist unvergleichlich.

Lassen wir mal die Einwanderung der dreißiger, vierziger, fünfziger Jahre beiseite. Anfang der neunziger Jahre bricht das Sowjetimperium zusammen. Über 30 Jahre hat man gerufen »Let my people go«, und eines Tages lassen die Russen mehr als eine Million people go. Wobei 30 Prozent (die Dunkelziffer nennt gar 50 Prozent) von denen, die aus Rußland nach Israel gekommen sind, gar keine Juden waren.

Nach welchen Kriterien? Wer bestimmt, wer Jude ist?

Wer Jude ist, bestimmt der jüdische Staat beziehungsweise die Jewish Agency, die in seinem Namen agiert. Nach hallachischem – jüdisch-orthodoxem – Gesetz, das in Israel gilt, ist Jude, wer von einer jüdischen Mutter in die Welt gebracht worden oder orthodox konvertiert ist. Jeder andere ist ein Nichtjude, ein nicht koscherer Jude sozusagen. Das ist das Kriterium, da gibt es nicht viel zu diskutieren, und danach sind, sagt auch der Staat, weit über 30 Prozent Nichtjuden ins Land gekommen, Wirtschaftsflüchtlinge, die sich als Juden ausgegeben haben. Der ökonomische Korb hat dazu geführt, daß zum ersten Mal in der Geschichte Menschen, die keine Juden sind, massenhaft jüdisch sein wollen. Es sind also viele Russen gekommen. Sie sind von allen Einwanderungsgemeinschaften in Israel die mit am besten gebildeten und ausgebildeten. Es gab nun mal im Kommunismus gute Schulen. Diese Leute beginnen im Jahre 1990 nach Israel einzuwandern, eine Million in einem Jahrzehnt. Zur gleichen Zeit etwa gab es die Einwanderungswelle der sogenannten äthiopischen Juden – sogenannten, weil man einem bestimmten Teil von ihnen bestreitet, Juden zu sein. Und wie man sich denken kann, sind sie in Äthiopien nicht besonders gut oder gar nicht dafür ausgebildet worden, sich in einer modernen bürgerlich-kapitalistischen Gesellschaft zurechtzufinden, ähnlich wie viele marokkanischen Juden aus dem Atlasgebirge in den fünfziger Jahren.

Beide, Russen und Äthiopier, wurden mit dem ideologischen Vorsatz, Juden sollen nach Israel kommen, mit El Al eingeflogen, kriegten den Warenkorb, man errichtete für sie Einwanderungsheime. Die russischen Einwanderer kamen mit den bürgerlichen Verhältnissen mehr oder minder gut zurecht. Es erübrigt sich, darüber zu spekulieren, was das Schicksal vieler der äthiopischen Juden in Israel war. Die Selbstmordrate unter ihnen ist in diesem Jahrzehnt um Dutzende von Prozenten gestiegen. Das Schicksal der Äthiopier war trotz der Parole »Alle Juden   sind Brüder« gleichsam vorherbestimmt. An den Universitäten gibt es ganz wenige Äthiopier. Die Seminare der Gesellschafts- und Sozialwissenschaften hingegen, nicht zu reden von den Naturwissenschaften, sind mittlerweile voll von russischen Einwanderern. Meine Frau, die Sekretärin der Tel Aviver Musikakademie ist, absolvierte einen

Russischkurs, weil so viele Russen kamen und die Musikakademie »überschwemmten«, daß sie meinte, ihre Arbeit sonst nicht mehr machen zu können. Niemand wäre auf die Idee gekommen, amharisch zu lernen für die wenigen äthiopischen Juden, die in die Uni gelangt waren.

Verwendest du das Wort organische Geschichte nicht etwas zu leichtfertig? Du hast das mit Blick auf die USA gesagt, aber wer in Deutschland Ideologiekritik macht, dem ist die Unterscheidung zwischen natürlich gewachsener Nation und Kunstprodukt so präsent wie verdächtig. Jugoslawien gilt als Kunstprodukt, als Völkergefängnis, in Kroatien herrscht natürlichste Übereinstimmung von Staatsvolk und Territorium. Die Sowjetunion war Kunstprodukt und Völkergefängnis, in Litauen gibt es die schönste Identität von Volk und Raum. Diesen Blick gibt es auch auf Israel. Als ein zionistisches Gebilde, ein Kunststaat oder eine Kopfgeburt ist Israel den organisch gewachsenen Deutschen eigentlich inakzeptabel und muß überwunden werden. Es ist doch so, daß sich Nationen immer gewaltsam konstituieren, und wenn sie es getan haben, sind Künstlichkeit oder Natürlichkeit keine Kriterien mehr.

Unterm Gesichtspunkt der Menschheitsemanzipation ist für mich das Nationale längst schon etwas Überlebtes. Ich rede nicht davon, was mir wünschenswert erscheint – die Versammlung aller Juden auf einem Territorium wäre eher eine Katastrophe des jüdischen Volkes. Ich glaube, daß die deutsche Nationenbildung – das kann ich als Jude sagen – gelinde ausgedrückt keine besonders glückliche Erfindung war. Als jemand, der drei Bücher über die Französische Revolution geschrieben hat, weiß ich, wie sehr Kunstprodukte, von mir aus auch Kopfgeburten, Voraussetzung für die Organisation von Kollektiven sind. Mit organischem Wachsen meine ich nicht den Herderschen Volksbegriff, und schon gar nicht volkstümelndes Deutschtum. Alles, was von Menschen historisch geschaffen ist, ist, gemessen an der Natur, »künstlich«, eben Zivilisation, und aus dieser Perspektive gibt es keinen Unterschied zwischen Zionismus, Französischer Revolution, deutscher Nation. Worum es mir geht, ist ein kasuistisches Moment. Ich will die Logik dessen, was heute das Problem Israels ausmacht, aus der Logik seiner spezifischen Bedingungen, historischen und psychologischen, mentalen, kulturellen und ideologischen Bedingungen erklären. Ja, klar, es gibt Strukturmomente, die sich vergleichen, mithin auch aus dem europäischen Nationalismus ableiten lassen. Es entstanden in Israel ganz spezifische Probleme, die sich aus dem sogenannten Exildasein der Juden ergaben. Das Judentum hat sich über Jahrtausende trotz der Verfolgung, vielleicht auch gerade wegen der Verfolgung, erhalten. Aber es hat sich als etwas total Zerspaltenes erhalten. Und dieses Problem gilt es zu untersuchen, das Problem eines Staates, der sich aus ganz verschiedenen Elementen konstituiert, Elemente, die nicht immer freiwillig in diesen Staat eingewandert sind, sondern zum Teil deshalb kamen, weil sie auf Betreiben des Staates gewissermaßen eingeführt wurden und nun zusammenleben mußten. Unter diesem Gesichtspunkt ist das strukturelle Problem von Hispanics und Wasps in den USA ein anderes als das von Juden eines zerspaltenen »Kollektivs«, denen der Zionismus ideologisch vorgibt, sich in einer Nation als Mischpoke zu fühlen, weil alle Juden »Brüder« seien.

Die Shoa – ein Instrument?

Die deutsche Palästina-Solidarität arbeitet mit dem Argument, die Palästinenser seien schon immer als ein Volk in Palästina zu Hause gewesen, hätten sozusagen Anspruch auf ihre heimatliche Scholle. Das Judentum dagegen sei bloß eine über die Welt verbreitete Religion, ohne Bindung an ein Territorium, das zionistische Projekt daher ein Kunstprojekt, keine authentische Nationenbildung, und müsse daher zerschlagen werden.

Eine total idiotische Schlußfolgerung. Die Juden haben sich gefragt: Sind wir ein Volk, sind wir eine Religion oder sind wir eine Nation? Der Zionismus hat geantwortet: Wir sind ein Volk, eine Nation und eine Religion. Die Frage war allerdings in dem Moment konkret »beantwortet«, als in Israel eine reale Lebenspraxis entstanden war. Es leben dort Menschen, es leben dort Frauen, Männer und Kinder, die alle eine Lebensrealität haben. Diese Lebensrealität heute zerschlagen, diese Menschen verjagen oder irgendwie aus der Welt schaffen zu wollen – vergeßt es! Für diese wahnwitzige Vorstellung, die Juden eines Tages ins Meer zu werfen, gab es erstens nie eine Chance und wird es auch weiterhin keine Chance geben. Die darüber laufenden Diskurse von Linksradikalen in Altona sind schlechterdings nicht relevant, jedenfalls nicht im Gespräch mit mir. Ich bin, wie gesagt, kein Zionist, aber eben auch kein Antizionist.

Dieser Diskurs wird nicht nur in Altona geführt, sondern auch in mehreren islamischen Ländern. Aber bleiben wir noch einen Moment in Deutschland. Da veröffentlicht der als eher links geltende Aufbau-Verlag das Buch eines Ludwig Watzal, der schreibt: »Der Zionismus machte sich die auf dem NS-Rassenwahn begründete Verfolgung und Ermordung von Juden zunutze und schloß daraus auf die ausweglose Lage der Juden allgemein. Der Antisemitismus erwies sich somit als ein konstituierendes Element des Zionismus.« Die Zionisten seien nach einem Verschwinden des Antisemitismus nicht in der Lage, säkulares Judentum zu definieren und ihren Staat zu rechtfertigen. Man merkt, es wühlt etwas in ihm, obwohl ja nicht jeder einzelne Gedanke gänzlich falsch ist. Und eine Seite später schreibt er, die Palästinenser seien ein höchst natürliches Volk. »Ihre Ansprüche waren und sind die gleichen, die zu Recht heute die Kroaten, Slowenier, Litauer, Letten, Esten, Ukrainer und andere nationale Minderheiten anmelden.« Darauf fahren die Leute hier ab. Alle möglichen Leute glauben an nationale Befreiung, an Völker, und kommen geradezu zwanghaft zu dem Schluß: Die Juden sind keins.

Daß der Zionismus die Shoa, die katastrophische jüdische Vergangenheit vereinnahmt hat, stimmt. Ich kenne kein Kollektiv, das seine Vergangenheit nicht vereinnahmt. Daß die Shoa instrumentalisiert wird für Zwecke, die mit der Shoa nichts zu tun haben, braucht mir keiner zu sagen, denn darüber habe ich Bücher geschrieben. Das Problem, das Watzal artikuliert haben will, ist aber genau das, um welches es mir nicht geht. Ich will die Shoa von der Instrumentalisierung bereinigen, indem ich die Shoa aus der partikular zionistischen Rezeption in ihre universelle Bedeutung hebe. In Deutschland würde ich übrigens genau das Umgekehrte empfehlen, nämlich das Universelle der Shoa zu partikularisieren beziehungsweise zu konkretisieren, und zwar deshalb, weil die Juden eben doch die Hauptopfer der Katastrophe waren und die Deutschen die Haupttäter. Daß der Zionismus aus dem Antisemitismus erwachsen ist, kann nicht restlos bestritten werden – ich rede nicht von Judenfeindschaft, nicht von traditionellem Judenhaß, ich rede vom Antisemitismus, vor dem es für den Juden kein Entrinnen mehr gibt. Während der Jude in der spanischen Inquisition noch zum Christentum konvertieren konnte und damit von Verfolgung frei war, konnte er das im Antisemitismus und erst recht im rassenbiologischen Antisemitismus nicht mehr. Deshalb sagt man ja im Zionismus, der jüdische Staat sei nicht irgendeine nationale Luxuseinrichtung, sondern eine historische Notwendigkeit.

Ob das bedeutet, daß der Zionismus ohne Antisemitismus keine Chance gehabt hätte, ist eine müßige Frage. Der Antisemitismus war erstens da und ist zweitens in der Monstrosität von Auschwitz, Treblinka und Majdanek kulminiert. Da ist die spekulative Frage, ob der Zionismus ohne Antisemitismus nicht in die Welt gekommen wäre, unverschämt; sie ist überhaupt keine Frage mehr, zumindest nicht für die Überlebenden der Shoa. Meine Eltern, die aus Auschwitz kamen, sagten: Wir haben nirgends mehr hinzugehen, Israel ist unser Land, ohne dabei zu wissen, was das für die anderen, die dort lebten, bedeutete. Aus der Praxis der Geschichte erwuchs etwas, was das abstrakte Argument der zwei Variablen Antisemitismus/Zionismus mit einem empirischen Inhalt, sozusagen mit einer konkreten Substanz füllte, die die abstrakte Frage, ob es in Ordnung oder nicht in Ordnung war, daß der Zionismus in die Welt gekommen ist, erledigte. Ich habe kein essentielles Interesse am Judentum, übrigens auch kein essentielles Interesse am Deutschtum, ich habe Interesse an Menschen. Wenn Menschen keine Juden mehr sind, ist das für mich vollkommen in Ordnung. Ich gehöre nicht zu den Juden, die sagen, die Tatsache, daß wir uns über Jahrtausende erhalten haben, beweist Gottes Willen oder unseren geschichtlichen Auftrag. Wenn das Judentum sich in Wohlgefallen aufgelöst hätte und mithin die spätere Katastrophe des 20. Jahrhunderts verhindert worden wäre, etwa durch Emanzipation und Assimilation, wäre in der Tat ein »Problem« von Juden und für Juden aus der Welt geschafft worden.

Nun ist das leider nicht so gekommen. Man dachte einen Moment lang nach der Französischen Revolution, die bürgerliche Emanzipation sei möglich. Aber wie in der »Dialektik der Aufklärung« indiziert, ist gerade aus dem Geist der fehlgeschlagenen Aufklärung der Antisemitismus in die Welt gekommen. Und der hat sich in Europa, nicht in der arabischen Welt, nicht bei den Indianern, nicht bei den Eskimos und nicht bei den Japanern, sondern in Europa manifestiert, mit allem, was ihn ausmacht, einschließlich dessen, was dann zwischen 1942 und 1945 geschehen ist.

In Deutschland, wolltest du sagen.

Ich sage in Europa, denn der Holocaust hat vor allem in Polen stattgefunden und auf den Territorien anderer Länder, die heute damit in ihrer Gedenkkultur nichts mehr zu tun haben wollen. Der allergrößte Teil meiner Familie ist in den Lagern in Polen umgekommen. Meine Großmutter, die als einzige von den Großeltern den Holocaust überlebt hatte, ist im Jahre 1945 auf dem Weg nach Deutschland von Polen in einem Pogrom erschlagen worden, also in Europa. Natürlich ging dabei die Katastrophe von Deutschland aus, ist Deutschland das Land der Täter.

Man kann die Frage, ob der klassische Zionismus

zu Recht »Ein Land ohne Volk für ein Volk ohne Land« gefordert hat, nach 1945 nicht mehr so stellen. Es ist von den Vereinten Nationen beschlossen worden, daß der Staat Israel gegründet wird. Und nun kommen wir zu den Palästinern, Herrn Watzals natürlichem Volk. Die Palästinenser selber betrachten sich kaum als ein »natürliches« Volk. In der Arbeitsgruppe, in der wir, einige israelische Intellektuelle und Gelehrte, seit sechs, sieben Jahren mit Palästinensern arbeiten und diese Frage erörtert haben, haben gerade sie, die Palästinenser, die Probleme der Herausbildung eines palästinensischen Nationalbewußtseins zum Thema gemacht, und sie sind ganz und gar nicht der Meinung, daß wir leichtfertig von einem Volk reden können, jedenfalls nicht von einem Volk im Sinne eines Nationalvolkes. Die Palästinenser als natürliches Volk zu betrachten, bedeutet, von einem natürlich gewachsenen organischen Volksbegriff auszugehen, den es weder für Marxisten noch überhaupt für rational denkende Menschen geben kann. Wenn Watzal in einem linken deutschen Verlag so argumentiert, sagt das vielleicht etwas darüber, wie degeneriert linkes Denken heute in Deutschland ist.

Das Argument dieser Linken geht so: Zionismus ist Folge des Antisemitismus. Den gibt es nicht mehr, also ist Zionismus nicht mehr nötig, ist der zionistische Staat als Zufluchtsort für die Juden in aller Welt überflüssig.

Darauf ist ganz einfach zu antworten: Es ist noch nicht ausgemacht, daß der Antisemitismus aus der Welt ist – daß er zur Zeit nicht eliminatorisch sein kann, steht auf einem anderen Blatt. Zwar ist es eine Realität, daß viele Juden sich negativ, über den Antisemitismus, definieren. Das ist schon ein Extraproblem. Aber das Argument kann nur aufrechterhalten, wer dazusagt, daß es keine Nation und keinen Nationalstaat gibt, der sich anders erklären läßt denn als ein negatives Konstrukt und ein Überbleibsel aus einer bestimmten Phase des 19. Jahrhunderts. Wenn man sagen würde, Nationen, Nationalstaaten sollten abgeschafft werden, ein für alle mal, würde ich sagen: ja. Die Aufhebung des jüdischen Staates wie die Nichtschaffung des palästinensischen Staates, die Aufhebung des deutschen, des ägyptischen, syrischen und französischen Staates ist durchaus eine regulative Idee, die ich verfechten würde.

Wir müßten uns nur noch auf die Reihenfolge einigen. Man sollte in die Schönheit des Gedankens noch einflechten, daß der deutsche Staat als erster abgeschafft wird und Israel als letzter. Im Ernst: Wenn Leute die Sehnsucht haben, sich lieber von der eigenen nationalen Bourgeoisie unterdrücken zu lassen als von einer anderen, nennt man das nationale Befreiung. Doch oft ist die Konsequenz der Überwindung der Unterdrückung mehr zu fürchten als die Unterdrückung.

Dieses Argument kann allerdings auch instrumentalisiert werden. In Israel wird es benutzt von Leuten, die sich keinesfalls in den jüdischen Staat hineinreden lassen wollen, aber den Palästinensern sagen, ihr werdet es nur noch schlimmer haben, wenn man euch euch selber überläßt. Aber dem Opfer der Repression ist es mehr oder weniger egal, daß es überall in der Welt Repression gibt und auch andere solchen Prozessen ausgeliefert sind. Ich werde zum Beispiel das Leid meiner in der Shoa umgekommenen Großmütter nie vergessen und nie verzeihen. Daß das viele Großmütter erlebt haben, kann mich darüber nicht hinwegtrösten. Es handelt sich für mich eben um meine Großmutter, das ist meine Erlebniswelt, meine Erfahrung. Wenn wir also von diesen Leuten reden, und darüber, daß das, was sie empfinden, zum Politikum wird, dann müssen wir uns bemühen, die Dinge aus ihrer Eigenlogik zu begreifen – im Sinne von: Was tut sich etwa in Israel, wenn die orientalischen Juden sagen, jetzt sind wir dran? Gewiß, man kann Parallelen zu den Schwarzen in den USA ziehen, Parallelen, die durchaus erkenntnistheoretisch wichtig wären; aber etwas ganz anderes ist es, die Sache aus ihrer Eigendynamik und -logik zu betrachten. Da erweist sich nämlich die Leiderfahrung des Einzelnen, mithin die Erfahrung der spezifischen Gruppe, als etwas, das nicht leichtfertig subsumierbar ist. Ich habe nie vergessen, wie ich einer Freundin von mir, die zur Krebsvorsorge-untersuchung ging, gesagt habe: Du weißt doch, daß das Risiko nur ein paar Prozent beträgt, und sie ant-wortete: Wenn es mich trifft, sind es meine hundert Prozent.

Wenn wir die Lage der Betroffenen, etwa der orien-talischen Juden, dennoch objektiv betrachten wol-len, müssen wir fragen: Wie hängt das ethnische Problem beziehungsweise der Aufstand der zu kurz Gekommenen ursächlich zusammen mit einer be-stimmten Verfaßtheit der Gesellschaft, die zu einer bestimmten Innenpolitik führt, die wiederum in sich kausal zusammenhängt mit der Außenpolitik Israels. Wir können dann erkennen, daß die Identität der orientalischen Juden einerseits dazu geführt hat, daß sie zum Teil die größten Araberhasser geworden sind. Sie wollten sich in der Klassenhierarchie gerade von den Arabern absetzen, weil das Selbstverständ-nis des hegemonialen Zionismus darauf hinauslief zu meinen: Das sind die »Untermenschen«, und wir sind die »Herrenmenschen«. Die Identität der orien-talischen Juden war eine Abwehrbewegung gegen-über den Arabern, um sich im Sinne der aschke-nasischen Hegemonie zu positionieren. Anderer-seits gibt es bei orientalischen Juden heute auch Stimmen, die sagen: Wir allein können den Brücken-kopf zur arabischen Welt bilden, wir kennen ja die arabische Kultur, die Mentalität der Araber. Und beides kann stimmen. Der eine sagt, wir kennen die arabische Kultur, mit denen ist kein Frieden zu ma-chen, und der andere sieht sich aus genau demselben Grund als Brückenkopf einer Völkerverständigung. Das heißt, Identität wird an dieser Stelle politisch.

Wie sind die Begriffe »Herrenmenschen« und »Un-termenschen« in diese Diskussion geraten?

Das hat natürlich nichts mit nationalsozialistischem Denken zu tun, sondern kennzeichnet bloß eine Ab-wertung. Zuweilen griffen aber Ressentiment und Haß, wenn es ganz überspannt wurde, in der Tat auch auf Animalisierung zurück. Im Jiddischen ist die Bezeichnung für orientalische Juden »schwarze

Chajes« (»schwarze Tiere«). Da ist »Untermensch« fast noch günstiger. »Schwarze Chajes« meint eine pejorative Animalisierung. Im Gegenzug wurde der aschkenasische Jude von den orientalischen Juden bis in die siebziger Jahre hinein abwertend »Wus-wus« genannt. Auf Jiddisch heißt »was« »wus«, und wer »wus« fragt, also Jiddisch redet, ist ein Wuswus. Das war nicht der Versuch, aschkenasische Juden zu eliminieren, sondern schlicht eine ressentiment-geladene Reaktion. Eine andere Taktik solcher res-sentimentgeladener Rhetorik ist die Darstellung aschkenasischer Frauen als unsinnlich, ja frigide, wohingegen die orientalische Frau das sinnliche, das rassige Weib sei.

Im Deutschen ist der Untermensch eindeutig als der Lebensunwerte, der zu Liquidierende identifi-ziert.

Davon kann in Israel (zumindest im innerjüdischen Diskurs) keine Rede sein. Da ist keine große Ideo-logie drin. Ich gebe ein Beispiel: 1991, der Golfkrieg ist ausgebrochen, Skudraketen fallen auf Tel Aviv. In derselben Nacht kommen Flugzeuge aus Lenin-grad und Flugzeuge aus Äthiopien. Aus Leningrad unter anderem ein junges blondes Mädchen und aus Äthiopien ein sehr freundliches kleines schwarzes Kind. Ein Freund von mir, Kameramann bei NBC, fand, daß das ein sehr schönes Bild gäbe, ein bißchen United Colours of Benneton. In dieser Situation, wo Juden »aus der Diaspora« kommen, dabei direkt in eine existentielle Notsituation geraten, stürzt sich die russische Mutter auf den Kameramann und sagt: Was bringst du denn mein Mädchen mit diesem Af-fen zusammen. Solche rassistischen Ressentiments gab es fast von Anfang an. Nur als alle noch Anfang der fünfziger Jahre in der Scheiße steckten, zum Bei-spiel in dem Slum, in dem ich geboren wurde – mei-ne Eltern waren polnisch-jüdische Holocaust-Über-lebende, unsere besten Nachbarn waren jemeniti-sche Juden, die anderen guten Nachbarn waren bul-garische Juden –, gab es beste Nachbarschaft. Es herrschte totale Armut, es war ein Neubeginn für al-le. Fünf, sechs Jahre später bekamen meine Eltern

Wiedergutmachungsgelder. Sie zogen in ein besseres Stadtviertel, heute ist es auch ein Slum, aber damals war es das Paradies, keine 300 Meter entfernt von dem Slum, in dem ich geboren wurde. Als ich 15 Jahre später nach Israel zurückkam und dieses Stadtviertel besuchte, war dort nahezu kein aschkenasischer Jude mehr zu sehen, nur noch orientalische Juden und wenige Araber. Es kam also zweierlei zusammen: erstens, die differenzierende Schichtung der Klassen, etwa die durch objektive Momente wie die Wiedergutmachung bewirkte, eine Wiedergutmachung, von der jemenitischen Juden als solche nichts hatten. Und zweitens, daß in dem Moment, wo dieses Auseinanderklaffen real wurde und das Pathos der Staatsgründung verflog, das rassistische Ressentiment sich nach und nach herausbildete und verfestigte.

Wir wollten nur darauf hinweisen, daß das Nazi-Wort Herrenmensch in jedem dritten oder vierten Aufsatz aus der antisemitischen Ecke der deutschen Linken verwendet wird, um damit die Israelis in ihrer Haltung gegenüber den Palästinensern zu charakterisieren. Und im nächsten Satz setzen sie Sharon mit Hitler gleich.

Daß deutsche Linke in Sharon den Hitler sehen wollen, ist das eine. Das andere Problem ist, daß der israelische Generalsstabschef von den Palästinensern in den Flüchtlingslager im Libanon der siebziger und achtziger Jahren als von angeturnten Küchenschaben sprach; daß Begin die palästinensischen Freischärler zweibeinige Tiere genannt und von Arafat als dem Menschen mit den Haaren auf dem Gesicht gesprochen hat. Es gibt beides: das Bedürfnis von deutschen Linken, die Parallele herzustellen, und eine in Israel gängige Rhetorik des Ressentiments und des Hasses – wie es denn auf der anderen, der palästinensischen Seite eine entsprechende Propaganda gibt. Fußballfelder sind ein gutes Feld zur Untersuchung von Populärkultur. Wenn in Israel ein arabischer Fußballspieler auftritt oder gar israelisch-arbische Mannschaften spielen, gehört der Ruf »Tod den Arabern« zu jedem Spiel der israelischen Bundesliga. Da sind wir in den allertiefsten Niederungen, beidseitig.

»Die Logik von Okkupation ist Gewalt«

1948 stand es Spitz auf Knopf, ob das zionistische Projekt eine Chance bekommt. Die Uno hat es, unter heftiger Zustimmung der Sowjetunion gebilligt, aber keine Schönheit einer Resolution hätte dazu geführt, die Existenz des jüdischen Staates zu retten. Das konstituierende Moment des Staates Israels war die Notwendigkeit, einen Krieg zu gewinnen.

Ich gehöre zu denen, die meinen, daß der Krieg von 1948 den Juden aufoktroyiert worden ist. Trotz der neuen Erkenntnisse, daß die militärischen Verhältnisse doch nicht so waren, wie behauptet, und die Juden besser ausgerüstet waren, als man gemeinhin annahm, und daß die arabischen Heere zwar nach Zahl übermächtig, aber nach Qualität nicht gar so bedrohliche Gegner darstellten, bin ich der Meinung, und das nicht nur in Bezug auf die Empfindungen der damals in den Krieg eintretenden Juden, daß dieser Krieg darüber entschieden hat, ob der Judenstaat existieren konnte oder nicht. Von allen Kriegen war er der einzige Krieg, von dem man im nachhinein weiß, dass er notwendig geworden war, wenn das gerade gegründete Israel weiterhin existieren sollte. Benny Morris, der mittlerweile nach rechts umgekehrt ist, hat Archive aufgemacht, die verschlossen waren, und hat – ohne große neuartige Konzeptionen im Hinterkopf zu haben, als guter Historiker, der sich ein gutes Archiv nicht entgehen läßt, eben, – entdeckt, daß es in diesem Krieg Massaker gegeben hat, daß es eine geplante Vertreibung von Palästinensern aus bestimmten Gebieten gab, daß man ihre Dörfer, es waren einige hundert, dem Erdboden gleichmachte, damit sie nicht zurückkehrten. Das eine schließt das andere nicht aus: Es war ein notwendiger Krieg, und zugleich war er die große Katastrophe der Palästinenser, eine Katastrophe, die zum Teil auch geplant war. Itzhak Rabin war im 48er Krieg Kommandant einer Kompanie,

Genauigkeit!

die eine weitgehend arabische Stadt unweit von Tel Aviv eroberte, dort Massaker verübt und eine Vertreibung in Gang gesetzt hat. Bis dahin waren einige Übergriffe eingestanden worden, mittlerweile weiß man, daß die Kriegführung weniger ethisch war, als man behauptet hatte. Wer einen von den Israelis geplanten Völkermord an den Palästinensern behauptet, weiß nicht, wovon er redet, er weiß auch nicht, was Genozid bedeutet. Daß es aber in diesem Krieg Massaker gegeben hat, die nachher vertuscht und erst viel später von israelisch-jüdischen Historikern aufgedeckt worden sind, steht außer Zweifel. Ebenso freilich, daß Israel der Krieg aufoktroyiert worden ist. Daß Israel diesen aufoktroyierten Krieg für eine neue demographische Umverteilung und Landnahme politisch genützt hat – auch das stimmt.

Yoram Kanjuk schreibt: »Der Staat Israel entstand gegen alle Erwartungen und Hoffnungen der Welt ... Es blieb den Juden nur der Ausweg, die furchtbare Tat zu begehen und den ihnen aufgezwungenen Unabhängigkeitskrieg zu gewinnen. Sie benötigten die Bereitschaft, auch Unrecht zu tun, inklusive der Exzeß-Taten, die es immer gab und geben wird.«

Kanjuk gehört zur Generation von 1948. Das ist die Generation, die heute meint, man »stehle« ihr den Staat, wie sie sich ihn ursprünglich visioniert hatte. Kanjuk gehört zum links-zionistischen Lager. Er wurde sehr früh sensibilisiert für das palästinensische Leiden, wollte aber zugleich die Mythen der eigenen Generation aufrechterhalten. Als die Hinterfragung der eigenen Mythen in die teils sehr schmerzhafte Schlachtung von Heiligen Kühen ausartete, haben viele Leute dieser Generation die Flucht ins Pathetische, ins Allgemeine der Weltgeschichte angetreten. Einer der Mythen, nicht nur Kanjuks Generation, ist die sogenannte Waffenreinheit des israelischen Militärs. Ich glaube nicht, daß irgendwo in der Welt die Waffenreinheit als ethischer Code des Militärs so kolportiert und ideologisiert wird wie in Israel. Er bedeutet, daß jüdische Soldaten nie unzulässig töten, nie Gefangene töten, weil Juden vermeintlich so sensibilisiert sind durch das eigene Leid. Diese legitimatorische Formel beruhigt für gewöhnlich die zionistische Seele allzu leicht, allzu schnell.

Der Staat Israel war auch eine Improvisation, eine spontane Bildung. Kanjuks Generation hielt sich die Fähigkeit zugute, mit Notzuständen so umzugehen, daß man immer aus der Patsche herauskommt und die Not zur Tugend macht. Was hatte das für eine Bedeutung im Militärischen? Ein Beispiel: Es hat in den fünfziger Jahren die Feddayin gegeben, gewissermaßen die Vorläufer der PLO, Terroristen, die aus dem Gazastreifen, der ägyptisches Hoheitsgebiet war, nach Israel eindrangen, um in Tel Aviv und Umgebung Anschläge gegen die Zivilbevölkerung zu verüben. Damals ist Sharon mit seiner Einheit in den Gazastreifen einmarschiert und hat mit barbarischer Brutalität zugeschlagen. Einerseits hatte er damit das konkrete Problem der Feddayin gelöst, andererseits hatte er dabei aber verbotene Mittel angewandt. Die Generation von Kanjuk ist mit dem Ethos aufgewachsen: Wir sind die neuen Juden, wir sind die, die improvisieren können, wir kommen mit jedem Problem zurande.

Kanjuk will sagen, daß Massaker oder Vergewaltigungen in dieser Orgie von Gewalt, die ein Krieg nun mal bedeutet, immer vorkommen. Er behauptet nicht, daß die israelische Regierung oder ihre militärischen Oberbefehlshaber diese Greueltaten angeordnet hätten. Auch im Krieg in Jugoslawien ist es zu furchtbaren Verbrechen gekommen.

Daß die Menschheit Scheiße ist, darüber brauchen wir uns nicht groß zu streiten. Ich rede davon, daß bestimmte Strukturen ihre eigene innere Bewegungstendenz haben. Seit 35 Jahren hält Israel Gebiete besetzt. Es kommt nicht darauf an, ob die israelische Regierung will, daß es zu Auseinandersetzungen zwischen Siedlern, Militär und den besetzten Palästinensern kommt. Die innere Logik von Okkupation ist Gewalt und Gegengewalt – ob nun Sharon regiert oder Netanjahu, Rabin oder Barak.

Sharon mit seiner Improvisationsmentalität weiß, was es heißt, sagen zu können: Wir haben das nie angeordnet, das war eine lokale Angelegenheit. Aber nichts, was lokal entsteht, entsteht ohne irgendeinen Bezug zum Ganzen. Natürlich war der 48er Krieg ein aufoktroyierter Krieg, aber er bot zugleich die Gelegenheit, Gebiete zu erobern und deren Bevölkerung zu vertreiben. Wo die Leute nicht freiwillig weggegangen sind, mußte man dafür sorgen, daß sie gehen, indem man zum Beispiel ein kleines Massaker anrichtete, mit dem Erfolg, daß die Attackierten ihre Sachen gepackt haben und abgehauen sind. Es lag im Interesse des damaligen israelischen Staates, daß 600 Dörfer dem Erdboden gleichgemacht wurden. Das lokale Verbrechen, so improvisiert es war, entsprach dem nationalen Interesse.

Es war schon in den dreißiger Jahren zu verschiedenen arabischen Massakern an Juden gekommen. Tel Aviv ist gegründet worden als Reaktion auf ein Pogrom. Waren die Kriegsverbrechen von 1948 nicht auch eine Reaktion darauf?

Es gab Massaker an Juden, aber das war etwas ganz anderes als die Pogrome in Rußland. Es ging nicht um essentiellen Antisemitismus, es ging um Land und den Kampf darum. Aber dieselbe Mentalität, die 1948 noch zu einem verständlichen Gegenterror (manchmal aber auch zu einem von den Israelis initiierten Terror) führte, führte 1982 dazu, daß Sharon im Libanon-Krieg sich wieder über Befehle und Abmachungen hinwegsetzte, als er plötzlich über die 40-Kilometer-Zone nach Beirut durchmarschierte. Das war dieselbe Kultur. Die Ambivalenz, daß diese Kultur einerseits Übles gezeitigt und andererseits Leute befähigt hat, aus der Not etwas Gutes zu machen, muß man aushalten.

1948 ging es darum, der arabischen Drohung zu begegnen, man werde dafür sorgen, daß sich das Mittelmeer vom Blut der Juden rot färbt. Nachdem sich der polnische Himmel durch den Rauch aus den Krematorien verfärbt hatte, war das mehr als nur eine Metapher.

Nicht nur 1948, sondern auch vor dem 67er Krieg

waren die Juden in Tel Aviv, Jerusalem und Haifa der Überzeugung, es stehe die nächste Shoa bevor. Wenn man aber die Realität, nicht die gefühlte Realität, untersucht, stellt sich heraus, daß die Fähigkeit der Araber, das Mittelmeer mit jüdischem Blut zu färben, schon 1948 kaum, 1967 aber ganz und gar nicht vorhanden war. Israel hatte eine Luftwaffe, die innerhalb von wenigen Stunden den Krieg entscheiden konnte und in der Tat auch entschieden hat.

Es gibt eine reale Angst, die aber nicht immer in einem angemessenen Verhältnis zur realen Bedrohung steht. Im Golfkrieg habe ich es an mir selber erlebt. Ich konnte meine Gedärme nicht beherrschen, hatte eine Riesenangst jede Nacht – zwei der irakischen Skud-Raketen sind direkt in unserer Nachbarschaft eingeschlagen. Und zugleich wußte ich, daß Israels Existenz nicht wirklich in Gefahr war. Das stellt die reale Angst überhaupt nicht in Frage. Ein Mensch, der Schiß hat, hat Schiß, egal ob die Gefahr, die er fürchtet, tatsächlich besteht.

Du bist kein Zionist, nicht mehr, aber Du willst auch kein Antizionist sein. Wie geht das?

Ein Antizionist meint, der Zionismus hätte gar nicht in die Welt kommen dürfen. Auf jüdischer Seite meinten das die Kommunisten und die Bundisten, die Leute vom Allgemeinen Jüdischen Arbeiterbund, die das Judentum über den Sozialismus emanzipieren wollten, nicht über die Gründung eines auch religiös bestimmten Staates Israel. Ein Antizionist ist a priori gegen Erscheinung und Wesen des Zionismus. Ein Nichtzionist – und das sage ich als einer, der 1970 die zionistische Entscheidung getroffen hat, mit 21 Jahren aus Deutschland nach Israel zu gehen und dort zu leben – ein Nichtzionist ist einer, der den Zionismus a posteriori, heute, nicht mehr akzeptieren kann. Zwar war schon in der Ursprungsidee des Zionismus enthalten, was schließlich aus ihm geworden ist, aber wer sagt, das hätte man wissen können, ist wirklich ein Klugscheißer. Im übrigen bedeutet, Antizionist zu sein, nach 1945 etwas ganz anderes als vorher. Nach 1945 war das zionistische Projekt Israel nicht nur kein Fehler, sondern eine historische Notwendigkeit.

Wenn ich von einer 35jährigen Okkupation rede als einem neuen Wesensgehalt des Zionismus, meine ich nichts Apriorisches. 1967 wird ein Land okkupiert, zunächst als Faustpfand für eine Friedensregelung, bald aber schon als Objekt einer ideologischen, theologisch-religiös aufgeladenen Begierde. Das hat den Zionismus von Grund auf verändert. Nicht von ungefähr meinen die national-religiösen Siedler in der West Bank, sie seien die letzten Zionisten – und viele Leute im Kernland Israel geben ihnen in gewisser Weise recht. Tatsächlich sind es allein die Siedler, die die Ideale der Pionierzeit hochhalten: Landnahme, »Urbarmachung« (wobei natürlich die meisten Siedlungen sich nicht mehr landwirtschaftlich halten) und »Selbstverteidigung« (wobei die Siedler von der israelischen Armee, vor allem von israelischen Reservisten, verteidigt werden. Wenn sie sich »selbst« verteidigen, übertreten sie ja das Gesetz). Auf diese Weise ist der Zionismus zu einer radikal rechten Bewegung geworden, die kein Angebot für einen wirklichen Frieden mehr enthält.

1948 war der aufoktroyierte Krieg, der notwendig war, um den Staat Israel zu etablieren. War der Krieg 1967 nicht notwendig, um Israel zu erhalten?

Mit Nassers Blockade der Straße von Tiran für israelische Schiffe begann 1967 der zweite große Versuch, Israel zu beseitigen. Die Leute hatten das Gefühl, jetzt kommt eine große Katastrophe. Sie hatten eine panische Todesangst, die dann, als der Sieg über die Araber sich abzeichnete, in Triumphalismus umschlug. Heute wissen wir, daß die Angst übertrieben war. Israel war militärisch überlegen, es hatte einen Präventivschlag vorbereitet, der die arabischen Armeen lahmlegte. Und so war der Sieg Israels im Grunde genommen schon nach 24 Stunden besiegelt. Was danach kam, diente nur der endgültigen Zerschlagung der gegnerischen Armeen und der Landnahme. Die Provokation, die Aggression war von den arabischen Staaten ausgegangen. Die Ägypter und die Syrer wollten Israel vernichten. Die

Hauptleidtragenden waren die Araber, die an diesem Krieg gar nicht so sehr beteiligt waren: die Palästinenser, die Bewohner des Gaza-Streifens und der West Bank.

Dieser Sieg wurde zum Pyrrhussieg. Hätte man die besetzten Gebiete zum Faustpfand gemacht, um dafür Frieden einzutauschen, wäre auch Israel vieles erspart worden. Aber das Gegenteil geschah. Golda Meir erklärte Anfang der Siebziger ziemlich pompös, ja arrogant, die Zeit arbeite für uns. Und so kam es 1973 zum nächsten, dem nach 1948 schlimmsten Krieg. Allein auf israelischer Seite gab es fast dreitausend Tote und zehntausend Verwundete. Diese enorme Zahl hat Israel erschüttert. Kurze Zeit danach begann die Besiedlung der besetzten West Bank, wobei religiöse Gesichtspunkte immer stärker in den Vordergrund traten. Nun hieß es: Das ist das uns von Gott verheißene Land. Für eine säkulare Regierung, die von der Arbeitspartei geführt wurde, eine merkwürdige Sache. Sie machte aus einem notwendigen Krieg etwas ganz anderes.

Viele Linke meinen, die Israelis seien da einem Masterplan gefolgt. Das ist hanebüchen. Es gab keinen Masterplan, sondern man ergriff eine Gelegenheit, in der die Mythen des Zionismus – Besiedlung, Expansion, Dominanz – aufleben konnten. Und Selbstgerechtigkeit: Wir sind die Verfolgten der Geschichte, nun drehen wir den Spieß um. Und das Schlimmste: Gott hat es so gewollt. Plötzlich werden Hebron und Ost-Jerusalem zu Zeichen für die Ankunft des Messias. Säkulare Soldaten stehen mit tränenden Augen vollkommen ergriffen vor der Klagemauer – das ist das Sinnbild, das Emblem des Sechs-Tage-Krieges geworden. Meine These, die man in Israel nicht so gern hört, ist die, daß dieser Umschlag in der ideologische Matrix des Zionismus angelegt war. Einerseits hatte sich im Nahen Osten der Kalte Krieg fast paradigmatisch manifestiert. Einige Staaten schlugen sich auf die sowjetische Seite, andere – Israel, Saudi-Arabien, Jordanien, später Ägypten – auf die amerikanische. Beide Führungsmächte waren daran interessiert, es nicht zum Frieden kommen zu lassen, beide lieferten Waffen, die alle sechs, sieben Jahre in Kriegen getestet werden konnten. Der Nahe Osten wurde zum Laboratorium der beiden Großmächte für die modernsten Tanks, Flugzeuge und Raketen. Andererseits vollzog sich bei den Israelis unterhalb dieser Ebene eine infolge ihrer Siege eintretende ideologische Expansion, die sich dann in der Okkupation der siebziger Jahre niederschlug.

Zugleich erreichte der sowjetische Antizionismus zu jener Zeit seinen Höhepunkt. Zionistische Juden wurden damals in der sowjetischen Presse so karikiert wie einst Juden in Streichers »Stürmer«. Die arabischen Karikaturisten haben ihre Visionalisierung des Zionisten als eines »Stürmer«-Juden von den Sowjets übernommen. Das war eine Entwicklung mit eigener Dialektik. Wer kein Zionist sein wollte, mußte sich auf die Seite der Sowjets und ihrer Verbündeten schlagen, wer kein Antisemit sein wollte, auf die Seite der USA und Israels. Diese Instrumentalisierung sollte die Kräfteverhältnisse (abgesehen von den geopolitischen Realinteressen beider Seiten) ideologisch perpetuieren und hat sie in der Tat perpetuiert.

War es nicht so, daß zumindest bis 1977 die Besiedlung der besetzten Gebiete nur militärstrategisch motiviert war, und man die Besatzung als die freundlichste und mildeste bezeichnen konnte, die die Weltgeschichte gekannt hat? Die Entdeckung, daß die Westbank biblisches Kernland ist, das man Samaria und Judäa zu nennen habe, war eine Spezialität der Likud-Partei, deren religiös-nationale Sehnsucht eine sehr viel geringere Rolle gespielt hat als die sicherheitspolitischen Notwendigkeiten.

Die militärlogische Motivation gab es von Anbeginn und die gibt es bis heute. In den siebziger Jahren kam eine andere, und zwar eine säkulare und eine religiöse Komponente zur militärlogischen hinzu. Die säkulare ist die vom Likud getragene Groß-Israel-Ideologie, und die setzt im Jahre 77 ein. Ab 74 setzt mit Gusch Emunim die religiöse Motivation an, die sich allerdings jetzt nicht als eine pur orthodoxe versteht. Denn wenn orthodoxe Juden im 18., 19. Jahrhundert nach Tiberias oder Jerusalem gegangen sind, hatten sie keine territorialen Ansprüche, sondern nur den Wunsch, in den Heiligen Stätten des Judentums ansässig zu sein. Regieren konnten die Briten oder die Türken, darauf erhoben die Orthodoxen nie Anspruch. Mit den National-Religiösen kommt in den frühen siebziger Jahren ein Anspruch, der beides miteinander verbindet, die sicherheitmotivierte Inanspruchnahme dieses Gebiets und seine religiöse Aufladung zum heiligen Kernland des Judentums.

Die Besatzung hat also drei Aspekte. Der eine ist die Sicherheitspolitik. Seit dem Golfkrieg 1991 meint keiner mehr, daß Tel Aviv, Haifa und Jerusalem durch die Besatzung der Gebiete geschützt werden können. Der nächste regionale Krieg würde ein Luftkrieg werden, mit Langstreckenraketen. Saddam Hussein hat sozusagen »bewiesen«, daß Tel Aviv nicht sicher ist, solange es in Bagdad Langstreckenraketen gibt. Der zweite Aspekt ist die Groß-Israel-Ideologie. Es gibt heute wenige Leute in Israel, die noch an ein Groß-Israel im Sinne Menachem Begins glauben. Der Revisionismus hat sich mehr oder weniger ausgelebt, den gibt es nicht mehr als einen ernstzunehmenden politischen Faktor. Was übrig geblieben ist, ist die Vermengung von Religion mit dem Bedürfnis nach Sicherheit.

Was nun die freundliche Besatzung angeht: Auch der aufgeklärte Absolutismus war zunächst einmal Absolutismus. Und eine freundliche Besatzung ist vor allem eine Besatzung – so etwas wie eine gutgemeinte Okkupation kann es nicht geben, jedenfalls nicht auf Dauer. Der Schock von 1967 hat die Palästinenser erstmal total gelähmt. Sie waren unfähig, irgend etwas zu unternehmen. Was gemacht wurde, die Terrorakte, die Flugzeugentführungen, kam nicht aus der West Bank, sondern aus dem palästinensischen Exil. Aber es war nur eine Frage der Zeit, bis die »freundliche Okkupation« sich als eine üble Ausbeutung der Westbank erwies, von wo man die billigsten Arbeitskräfte bezog. Man kann ohne Zögern sagen, daß ab 1967 Israel von Palästinensern erbaut wurde – der allergrößte Teil der Arbeitsplätze in der Baubranche waren durch Palästinenser aus der West Bank und aus dem Gaza-Streifen besetzt. Später, als diese Arbeiter zum »Sicherheitsproblem«

geworden waren, hat man sie durch Gastarbeiter, die aus Rumänien importiert wurden, ersetzt. Die Arbeitskraft ist ja im Kapitalismus fungibel.

Es gibt keine »milde Okkupation«, und es ist nur eine Frage der Zeit, bis das, was es vermeintlich gibt, umschlägt in das, was es wesenhaft ist, nämlich eine Okkupation, eine Unterdrückung der Okkupierten. Es gibt in dieser Hinsicht auch eine neuerdings zu verzeichnende Wandlung unter den israelischen Palästinensern: Die 48er-Generation kuschte. Heute fragen junge Araber ihre Väter: Warum habt ihr euch so gebückt, warum habt ihr die Schnauze gehalten, warum habt ihr die Okkupation eures Heimatlands hingenommen? Es gibt eine ganz neue Generation von angry young men and women, die die Passivität der Väter und der Großväter nicht mehr bereit ist zu akzeptieren. Bei den Palästinensern in den besetzten Gebieten hat es nicht zwei Generationen gedauert, sondern eine halbe Generation. Daß die Israelis meinten, wunder wie human sie seien, liegt natürlich im Wesen ihres Selbstbildes. Nach dem 67er Krieg gab es ein berühmtes Buch, »Der Kämpferdiskurs« (»Ssiach Lochamim«). Es handelt von Gesprächen von Soldaten, die an der Besetzung der West Bank, von Gaza und Jerusalem teilgenommen und sich wahnsinnig mit der Tatsache gemartert haben, daß sie Leute besetzt hatten und daß sie so viele töten mußten. Damals ist der Slogan entstanden, den man bis heute anwendet, wenn man den Leuten von Peace Now einen Schlag versetzen will: »jorim we'bochim«, zu deutsch: Man schießt und man heult dabei.

Sachzwang und Gemüt.

Genau: Sachzwang und Gemüt. Man muß schießen, aber es ist einem nicht so sehr gut dabei. So etwa wie bei Luther: Man muß am Tag die Bauern abknallen und abends Flöte spielen. »Der Kämpferdiskurs« ist in letzter Zeit wieder aufgelegt worden. Es gab aber zur gleichen Zeit in Israel eine nicht-zionistische Kritik an der Besatzung, die Mazpen-Bewegung – israelische Juden, die sich mit Palästinensern verbündeten, Leute, die vom ersten Tag an sagten, das wird böse enden, vor allem aber auch die unmoralische Dimension der Unterdrückung eines anderen Volkes hervorhoben. Im nachhinein sieht man sie als Visionäre an. Es gab zudem die literarische Auseinandersetzung mit den Folgen dieses Krieges, die den Triumphalismus und die Euphorie konterkarierte. Es gab eine ganze Reihe von Leuten in der damaligen Zeit, die in der Tat schon den kritischen Blick hatten. Ich versuche ja nicht zu behaupten, daß es in Israel keine kritische Sicht der Dinge gegeben hat. Die hat es immer gegeben, sie konnte sich nur nicht durchsetzen. Die Mazpen-Leute wurden als Aussätzige behandelt. Und dennoch: Die kritischen Impulse gab es von Anbeginn. Es gab auch die kritischen Impulse der Kommunisten, und sogar die der linksradikalen Zionisten, die im Parlament vertreten waren. Die haben aber alle nicht das Sagen gehabt.

Kann man ein prinzipieller Feind von Fremdherrschaft sein? Manchmal ist Fremdherrschaft für die, die es trifft, auch die zweitbeste Lösung. Nur wenn es um Israel geht, soll dieser Satz nicht gelten. Und das hängt damit zusammen, daß im Fall Israels immer ungleiche Maßstäbe angelegt werden. Israelische Soldaten zielen nie auf die Beine, sondern immer aufs Herz. Olivenhaine werden nie aus militärischen Gründen abgeholzt, sondern stets zur Demütigung der Palästinenser. Wenn es um Israel geht, herrscht im kollektiven Gedächtnis ein völliger Disproporz. Alle erinnern die Massaker von Sabra und Shatila mit ihren 328 Toten und 991 Vermißten, nur wenige erinnern sich an die Massaker, die von Syrern und Jordaniern an 5.000 beziehungsweise 20.000 Palästinensern verübt worden sind. Was war eigentlich der Schwarze September, wie viel sind da umgebracht worden, mit was für einer Brutalität ist da das jordanische Militär vorgegangen – das interessiert in Deutschland niemanden. Hier gilt Israel als das einzige Land, das so etwas wie Okkupation betreibt. Wer erinnert sich schon daran, daß die West-Sahara einmal den von der Uno bestätigten Anspruch auf einen eigenen Staat hatte. Das hat Marokko verhindert, und die Leute dort leben heute in

allerelendsten Verhältnissen. *Kein Schwein interes-*
siert das. Keiner interessiert sich auch für die konkre-
te Lebenslage der Sahauris, die da hungern und dur-
sten und in Lagern zusammengepfercht sind. Vergli-
chen mit all dem, was hier keinen interessiert, gab es
in den von Israel besetzten Gebieten eine relativ
milde Phase der Okkupation, unter welcher der Le-
bensstandard derer, die da ja erst anfangen, sich
Palästinenser zu nennen, anstieg.

Die Frage, die sich hier stellt, ist: Welche Erwartungen an den Staat Israel ergeben sich aus dem Um-
stand, daß die Juden durch den Holocaust zum Paria
des 20. Jahrhunderts geworden waren – und zwar
Erwartungen, die von innen herrühren, zugleich
aber auch von »der Welt«, die an die Juden den Anspruch erhebt, aus dem, was ihnen widerfahren ist,
moralische Lehren zu ziehen. Das heißt, »die Welt«
entsorgt ihre eigene Schuld, indem sie jetzt an die
Juden umso größere Ansprüche stellt. Ob das ge-
rechtfertigt ist oder nicht, ist schon wieder eine andere Frage. Es gibt viele Juden, gerade auch Söhne
und Töchter von Holocaust-Überlebenden, die
nicht begreifen können, daß Juden überhaupt irgend
jemand okkupieren können. Und es gibt andere, die
unter der Parole »Nie wieder Auschwitz!« nur umso
vehementer zuschlagen wollen. Das habe ich in
»Zweierlei Holocaust« elaboriert und brauche es
hier nicht zu wiederholen.
Die Relativierung israelischer Taten, die in eurer
Frage angelegt ist, höre ich mit genau denselben
Worten, mit ebendiesen Beispielen in Israel von
rechtsradikaler Seite. Die Siedler sagen: Was redet
ihr denn so viel von uns, wir sind doch Engel vergli-
chen mit dem, was die anderen angerichtet haben.
Daß die anderen massakriert haben, entkräftet
gleichsam die Frage, inwieweit Israel gesamthisto-
risch, aber auch im konkreten Fall schuldig geworden ist. Daß Israel massakriert oder okkupiert oder
unterdrückt hat, wird durch den Vergleich entschuldigt: »Wir haben doch deren Lebensstandard geho-
ben. Bei uns haben sie es doch gut gehabt im Vergleich zu den anderen. Gut, wir haben ihnen auch
ein bißchen zugesetzt und ihre menschliche Würde

zerstört, und als sie unsere Mildtätigkeit nicht wollten, haben wir ihre Zivilgesellschaft in Grund und Boden gestampft.« Ihr sagt: Zuweilen ist Okkupation die zweitbeste Lösung für die Okkupierten und denkt dabei an Deutschland 1945 ...

Denken wir an Napoleon in Berlin. Oder an die Rote Armee in Afghanistan.

Gewiß kann Okkupation zuweilen ein emanzipatives Element mit sich bringen. Das Problem ist, daß es nie dabei bleibt. Wenn die zweitbeste Lösung zur ewigen Lösung wird, merkt der Okkupierte eines Tages, daß ihn ein Stiefel im Nacken drückt. Emanzipatives Denken darf mit Okkupation nicht längerfristig relativierend umgehen. Okkupation ist Okkupation ist Okkupation!

In »Zweierlei Holocaust« sagst du: Weil die Juden die Hauptverfolgten waren, »mißt man sie seit dem Holocaust – zu Recht! – mit einem besonders strengen und kompromißlosen Maßstab«. Dieses »zu Recht« ist unangemessen.

Unangemessen wäre es nur in einer innerdeutschen Diskussion. Dieses »zu Recht« ist aber eine innerjüdische Position, die es zu verteidigen gilt. Horkheimer sagte das schon Anfang der sechziger Jahre: Die Juden sind, ob sie es wollen oder nicht, zum Paradigma geworden, weil der Holocaust ein Zivilisationsbruch, ein Einschnitt in die Menschheitsgeschichte gewesen ist. Wenn aber die Juden zum Paradigma geworden sind, dann kann man diesem Paradigmatischen nicht durch Relativierung gerecht werden, sondern nur, indem man mit umso größerer Vehemenz darauf besteht, daß es nirgends in der Welt mehr Opfer geben darf. Weil wir die Verfolgten waren, dürfen wir nie Verfolger werden. Es gibt eine andere Position in Israel, die sagt: Weil der Holocaust stattgefunden hat, ist alles, was unsere Sicherheit garantiert, erlaubt. Strukturell bedeutet das, daß im Andenken an die Opfer – denn darum geht es beim Holocaust-Gedenken – neue Opfer produziert werden. Man kontaminiert das Andenken der

Mythos!

Opfer, indem man die Kinder der Opfer zu Verfolgern macht. Ich will die innerjüdische Logik, die da sagt, wir können der Opfer nicht gedenken, indem wir neue Opfer in die Welt setzen, respektiert wissen. Das meinte ich mit »zu Recht«.

Es schwingt in dem Argument etwas mit, was Auschwitz zur Besserungsanstalt macht.

Die Sinnlosigkeit des Holocaust läßt im nachhinein keine Sinngebung zu. Aber was im Holocaust stattgefunden hat, hat nicht auf einem anderen Planeten stattgefunden, außerhalb der Geschichte. Deshalb muß der Holocaust historisiert werden – nicht um ihn zu relativieren, sondern um zu zeigen, was Menschen Menschen angetan haben, mithin anzutun vermögen. Für die Praxis emanzipatorischer Politik heißt das: Wie können wir eine Gesellschaft schaffen, wo Menschen nicht mehr zu Opfern werden? Nur in diesem Sinn kann ich Auschwitz als Erziehungsanstalt verstehen. Was allerdings mit sich bringen mag, daß eines Tages ein Verteidigungsminister mit »Nie wieder Auschwitz« in dem nächsten Krieg zieht.

Nochmal zur Okkupation als zweitbeste Lösung: Die israelische Besatzung hat durch ihren ökonomischen Modernisierungsschub die palästinensische Sozialstruktur radikal verändert. Sie hat die Palästinenser auch emanzipiert und sie so auch zu Widerstand befähigt.

Das Subjekt reibt sich immer am Objekt zurecht, erst die Dialektik von Subjekt/Objekt läßt das Subjekt zum bewußten Subjekt werden. Das sogenannte andere ist Voraussetzung für die Selbstbewußtwerdung dessen, was man dann als Subjekt anzusehen pflegt. Wie – nach einer These von Dahrendorf – Hitler die Deutschen in die Moderne gerissen hat, so die israelische Besatzung die Palästinenser. Die Auseinandersetzung mit dem Zionismus war konstitutiv für die palästinensische nationale Bewegung und ihre Bewußtwerdung. Richtig, hinter dem Rücken der Leute sind Teile des Fellachentums in Proletariat umgeschlagen. Es gibt sogar Palästinenser, die in dem zivilgesellschaftlichen und wissenschaftlich-technologischen Push, den die Konfrontation mit Israel für sie bedeutet, eine Chance sehen. Deshalb rede ich auch einer konföderativen Struktur das Wort. Allerdings darf das, was wir hier analytisch und dialektisch artikuliert haben, nicht zum politischen Argument von Besatzern werden.

Natürlich gibt es auch Zustände, in denen Okkupation nichts als Befreiung ist. Etwa in Deutschland 1945. Ich bin kein Pazifist. Es gibt Kriege, die geführt werden müssen. Wenn die Russen mit ihrem Vaterländischen Krieg gegen Deutschland nicht Auschwitz befreit hätten, wäre mein Vater nicht am Leben geblieben. »Nichteinmischung in die inneren Angelegenheiten« oder »Selbstbestimmungsrecht der Völker« mögen oft eine fortschrittliche Komponente haben, verabsolutiert führen sie zu unglaublich reaktionären Auffassungen.

Der Niedergang der Arbeitspartei

Das Jahr 1977 hat einen tiefen Einschnitt in der inneren Entwicklung Israels gebracht: Die Arbeitspartei hat ihre Hegemonie verloren.

Damit begann eine neue Phase nicht nur in der politischen Herrschaft, sondern auch in der politischen Kultur Israels. Das ethnische Moment wird jetzt zum erstenmal massiv instrumentalisiert. Eine Zeitlang bekommt die großisraelische Ideologie ihre praktische politische Legitimation, und es beginnt der Niedergang der Arbeitspartei, eine Entwicklung, an deren Ende sie, die Arbeitspartei, die Gewerkschaften auflösen und die Privatisierung der Gesellschaft einläuten wird.

Begonnen hatte der Niedergang der Arbeitspartei mit dem katastrophalen Krieg von 1973. Damals gab es die erste große Antikriegsbewegung als zivilgesellschaftliche Protestform gegen die Regierung. Bis dahin war öffentlicher Protest gegen die Regierung in Israel kein Thema – es sei denn, man war Kommunist oder Araber und wird von den Polizisten zusammengeschlagen. Hinzu kam, daß 71/72 in den Slums von Jerusalem eine von orientalischen Juden getragene soziale Protestbewegung gegen die Diskriminierung, Unterprivilegierung und Verslumung entstanden war, die Black Panthers. Es war eine nicht-sozialistische soziale Bewegung. Die Arbeitspartei hat da noch ein letztes Mal ihre Vorherrschaft ausgespielt, indem sie den Anführern der Bewegung Jobs anbot. In der Folge hat sich die Bewegung von einer sozialen der Slumbewohner zu einer kulturellen der orientalischen Intelligenz gewandelt. Aber ihr Anfang machte, als zweite Protestbewegung, klar, daß es in Israel ein – ethnisch aufgeladenes – Klassenproblem gibt. Die Klientel, also die Slum-Bewohner sammelten sich in Begins Likud, die bis dahin eine vorwiegend aschkenasische Partei war, in der orientalische Juden sehr wenig Chancen zum Aufstieg gehabt hatten. Das höchste der Gefühle war, daß der Polizeiministerposten oft mit einem orientalischen Juden besetzt wurde. Aber ein orientalischer Jude als Ministerpräsident, Finanzminister oder gar Außenminister – undenkbar.

Begin hat die Arroganz der Arbeitspartei gegenüber den orientalischen Juden sehr geschickt instrumentalisiert und ideologisiert, ohne freilich in irgendeiner Weise eine Wirtschaftspolitik einzuleiten, die diesen Leuten zugute gekommen wäre. Ganz im Gegenteil. Mit Begin beginnt der Abbau des Sozialstaates, die Liberalisierung der Wirtschaft, die Deregulierung der Währungspolitik und vor allem die Privatisierung. Es passieren also zwei Dinge: Die orientalischen Juden werden zum politischen Faktor, indem sie in den rechten Block der israelischen Politik geraten. Sie entwickelten ein notwendig falsches Bewußtsein ...

»Falsches Bewußtsein« ist nicht immer »notwendig«.

»Notwendig« deshalb, weil es keine gesellschaftliche Organisation gab, die fähig gewesen wäre, den Leuten ihre Situation bewußt zu machen. Die Black Panthers waren von der Arbeitspartei sehr schnell entsorgt worden. »Notwendig« auch, weil das ethni-

sche Ressentiment, das Gefühl der ethnisch ausge-
legten Beleidigung und Entrechtung so stark war,
daß die Leute einem linken, emanzipativen Denken
nicht zugänglich waren. Zum großen Teil waren es
sehr gläubige Menschen, die im Säkularismus der
Arbeitspartei eine Vergiftung ihrer Lebenswelt sa-
hen. Das alles zusammen hat, soziologisch betrachtet, ihr falsches Bewußtsein notwendig gemacht. Begin verstand das und hat es mit der Brillanz des vielleicht größten demagogischen Charismatikers der israelischen Politik zu nutzen verstanden und hat aus
diesen Menschen die Hauptklientel der Likud-Partei
gemacht, die, wie gesagt, ursprünglich selber eine
primär aschkenasische europäischen Denktraditio-
nen verhaftete Partei war.

Das falsche Bewußtsein drückte sich auch darin aus,
daß der Haß auf die aschkenasische Hegemonie, die
sich in der Arbeitspartei manifestierte, größer war
als das Bedürfnis, die eigene Lage zu verändern.
Man ideologisierte die eigene Lage, entdeckte sich
selbst als das »authentische« Judentum, das Lebhaf-
te, Sinnliche, Vibrierende, das die temperamentvol-
leren Weiber hat und noch in seiner Armut mehr
gütiges Gemüt als die kaltschnäuzigen, berechnen-
den Aschkenasim. Pures Ressentiment, ohne jedes
emanzipative Bewußtsein. Wer das wenden könnte,
ist die jüngere Intelligenz der orientalischen Juden,
die zum großen Teil in England und Amerika stu-
diert hat. Jetzt, zum Beispiel, wo die Kibbuzbewegung, die mittlerweile obsolet geworden ist und in
zehn Jahren verschwunden sein wird, aus ideologischen Gründen den Boden bekommt, der den sogenannten Entwicklungsstädten, in denen größtenteils
orientalische Juden angesiedelt wurden, fehlt. Wenn
dieses Problem nicht schnell gelöst wird und die
nicht schnell Boden kriegen – und wie es aussieht
kriegen sie ihn nicht –, wird es eine innerisraelische
Explosion geben. Die Kibbuzim lösen sich heute als
sozialistische Form auf und machen den Boden, den
sie in ihrem Besitz haben, zu Bauland, das sie ver-
mieten. Jetzt kommt es darauf an, daß die kritische
orientalische Intelligenz es schafft, hier das soziale
Moment zu erkennen und einen Kampf um soziale
Ressourcen zu führen, anstatt mit Ressentiments

und Larmoyanz auf die ewigen aschkenasischen Arschlöcher zu schimpfen.

Wie hat die Wende von 1977 die Situation in den besetzten Gebieten verändert?

Radikal. Es beginnt ein Jahrzehnt der Groß-Israel-Ideologie der Likud-Partei und mit ihrer revisionistischen Ideologie. Die von der Arbeitspartei begonnene Besiedlung der West Bank wird nunmehr forciert, mit dem Ergebnis, daß sie in den folgenden Jahrzehnten ein irreversibel erscheindendes Niveau erreichen wird. Aber nicht nur in den besetzten Gebieten, auch im Kernland Israel stellt 1977 eine Wendejahr dar: Die Demographie ändert sich. Das ethnische Verhältnis wird zwar nicht umgestülpt, es sind noch immer zum großen Teil aschkenasische Juden, die die Elitestruktur bilden und das Land beherrschen, aber Mitte der achtziger Jahre gibt es zum ersten Mal den ersten zaghaften Anspruch, zwar noch nicht die politische, dafür aber die kulturelle aschkenasische Hegemonie über den Haufen zu werfen. Die Aschkenasim – heißt es plötzlich von bestimmten Seiten der orientalisch-jüdischen Intelligenz und von sephardischen Kulturschaffenden – haben uns »ihre« westliche Kultur aufoktroyiert, »ihre« Demokratie, die ja nur vermeintlich eine ist, zudem ihre Popkultur, die ja keine authentisch jüdische ist, sondern vom Westen importiert. – Diese Kritik kam übrigens ursprünglich, und zwar sehr viel früher, bei den Religiösen auf. Sie wird nunmehr ethnisch aufgeladen: Alles, was sich die Moderne zugute hält, mithin, was jüdisches Kulturschaffen anbelangt, das uneigentlich Hybride, das auch immer ein – wie ich finde großartiger – Wesenszug des Jüdischen in der Diaspora gewesen ist, wird ressentimentgeladener Ablehnung unterworfen. Für viele, vor allem traditionell lebende und denkende orientalische Juden ist das nicht authentisch. Authentisch ist ihre die Tradition pflegende Lebensweise und Kultur. Die orientalischen Juden selbst sind freilich stark geprägt von der arabischen Kultur.
Als ich Anfang der siebziger Jahren als Sozialarbeiter in einen der Slums marokkanischer Juden kam,

drang aus den Caféhäusern nur arabische Musik, fast keiner hörte die israelischen Sender. Es herrschte eine orientalisch nostalgierende, romantisierte Authentik, die sich dann aber auch politisiert hat, etwa in den Fragen, welchen Raum die Darstellung des sephardischen beziehungsweise orientalischen Judentums in der offiziellen zionistischen Geschichtschreibung oder der orientalische Gesang in den Radioprogrammen der staatlichen Sender einnimmt. Politisch organisiert hat sich dieser Diskurs mittels der westlich gebildeten orientalischen Intelligenz »von oben« und in der fundamental-sozialen, orthodoxen, orientalisch-jüdischen Schas-Partei, die das ethnische Ressentiment zu ihrer Sache gemacht hat, »von unten«.

Die aschkenasische Intelligenz hat auf diese Bewegung, die ihr einen aschkenasischen Rassismus vorwirft, beleidigt reagiert. Die Aschkenasim, hieß es in ihrer selbstgerechten Argumentation, haben das Land gegründet, haben die Infrastruktur aufgebaut, haben den anderen, die aus unterentwickelten Ländern gekommen sind, die Möglichkeit einer Zivilgesellschaft geboten. Dabei bestand ein Teil der objektiven Tragik darin, daß die jüdisch-orientalische Intelligenz, wie denn überhaupt große Teile des jüdischen Bürgertums Marokkos und Algeriens, nach Frankreich gegangen war und nicht nach Israel. So kam es, daß fast nur Juden aus den sozial-ökonomisch eher zurückgebliebenen Regionen des Maghrebs, mitunter billige Arbeitskräfte, nach Israel einwanderten.

Welche Rolle hat die außerisraelische Entwicklung für die politische Wende in Israel gespielt? Wir denken an den militanten Antizionismus, der nach 1967 aufkommt, an den Terroranschlag auf die israelische Olympiamannschaft 1972 in München, an die Verbindung der Neuen Linken, besonders der westdeutschen, mit militanten oder terroristischen Palästinensergruppen. Mußte das nicht autoritäre Tendenzen in Israel fördern?

Ihr macht da der israelischen Gesellschaft ein Kompliment, das ich gerne annehmen würde. Ich wünschte, es wäre so gewesen, aber ich glaube, das hat keine Rolle gespielt. Was unterm Gesichtspunkt der internationalen Politik für die Wende von 1977 von Bedeutung war, ist der Jom-Kippur-Krieg. Heute weiß man, daß in den ersten Tagen, als Israels Existenz bedroht war, die USA mit atomar bewaffneten Schiffen im Mittelmeer bereitstanden. Und ein zweites, was euer Hinweis auf München 1972 andeutet: Es war ein ganz neuer Begriff von den besetzten Gebieten, von den Palästinensern entstanden. Golda Meir konnte noch 1972 mit unnachahmlicher Arroganz sagen: »Ein palästinensisches Volk gibt es nicht«, obwohl es auch keine Verfassung in Israel gibt, in der die Frage: Wer oder was ist ein Jude? beantwortet wäre. Fünf Jahre später gab es das »Gibt es nicht« nicht mehr. Es gab die PLO, die Fatah, es gab Guerilla-Krieg im Norden Israels, es gab also Palästinenser.

Was in Deutschland geschah, im deutschen Herbst 1977, die Baader-Meinhof-Gruppe, der Terror der deutschen Linken, ihr Antizionismus – das spielte für den Durchschnitts-Israeli so gut wie keine Rolle und tut es bis heute nicht. Unter den Außeneinflüssen hat allenfalls die Ölkrise von 1973/74 Israel tangiert, weil sie die israelisch-amerikanischen Beziehungen zu stören schien. Man sprach von Reassessment, der Neueinschätzung der Beziehungen. Aber eine ernstzunehmende Krise wurde es nicht, weil die Interessen der USA im Nahen Osten zum damaligen Zeitpunkt – es war ja noch die Zeit des Kalten Krieges – noch immer am besten durch Israel gewahrt wurden.

Die Rolle, die Israel in der weltpolitischen Konfrontation von Ost und West spielte, war zugleich Garant seiner Existenz, wie sie auch die Existenz der PLO garantierte. Wie die israelische Regierung in Washington rückversichert war, so Arafat in Moskau.

Ich würde das nicht symmetrisch gegenüberstellen. Eine Rückversicherung Israels durch die Amerikaner ist nicht vergleichbar mit einer Rückversicherung Arafats durch die Sowjetunion. Das östliche

Lager hatte mehrere Optionen, es konnte wählen zwischen verschiedenen arabischen Staaten und verschiedenen Koalitionen dort. Auch die Amerikaner hatten sich bis hin zum Irak noch ein paar Optionen offengehalten, aber die einzigen »Unverzichtbaren« waren natürlich die Israelis.

Ein Bewußtsein dieser Unverzichtbarkeit muß sich im Laufe der Jahre in der israelischen Gesellschaft verfestigt haben, mit Folgen.

Weshalb der Zusammenbruch der Blöcke zu den Verhandlungen von Madrid und Oslo geführt hat. Man spürte in Israel, daß die Rückversicherung über militärische Garantien durch eine Rückversicherung über Frieden mit den Arabern ersetzt werden sollte. In der Folge des zweiten Golfkrieges hatten die Amerikaner verstanden, daß ihre geopolitischen Interessen, auch die Ölinteressen, gefährdet bleiben, solange es im Nahen Osten keine Stabilität gibt. Deshalb haben sie den Israelis den Weg nach Oslo diktiert. Man vergesse nicht, dieser Prozeß beginnt nicht mit Oslo, sondern mit Madrid, und Madrid war ja noch nicht Rabin, sondern Shamir, der gesagt hat: Okay, ich gehe nach Madrid und werde zehn Jahre die Gespräche verschleppen. Er wollte ja keine zehn Zentimeter besetztes Land zurückgeben. Als Shamir dann abgewählt wurde und Rabin antrat, haben die Amerikaner gesagt: »Jetzt aber.« Und das hat dann den ersten ernsthaften Versuch der Versöhnung zwischen Israelis und Palästinensern eingeläutet.

Die Rückversicherung der Existenz Israels hat es über die gesamte Dauer der Blockkonfrontation gegeben. Ab wann hat sie in Israel die Überzeugung hergestellt, uns kann nichts mehr passieren?

Die Überzeugung, die Amerikaner würden nie zulassen, daß Israels Existenz gefährdet wird, hat es in Leitartikeln und Feuilletons, wie auch im sonstigen Diskurs immer schon gegeben. An den Grundängsten der Israelis hat das nie wirklich etwas geändert.

Dann wären diese Ängste im 48er Krieg, im 67er Krieg, im zweiten Golfkrieg immer dieselben gewesen?

Nein. Im Laufe dieser Geschichte ist das Machtgefälle zwischen Israel und dem gesamten Umfeld so angewachsen, daß jeder real Denkende wußte, Israel kann von den Arabern militärisch nicht mehr besiegt werden. Das Äußerste, was passieren könnte, wäre, daß der gesamte Nahe Osten zugrunde geht. Israel ist heute eine der größten Militärmächte der Welt.

Das hört sich sehr gewaltig an. Von wem wird das gemessen und nach welchen Kriterien?

Die Fachzeitschriften Englands und Amerikas gehen davon aus, daß Israel heute eine Destruktionskraft hat, die nur von wenigen Militärmächten in der Welt übertroffen wird. Zur Zeit des Schah hatte der Iran eine mit Israel vergleichbare Schlagkraft, aber das ist lange her. Die Bewaffnung Israels heute reicht, wenn alles funktioniert, daß innerhalb einer relativ kurzen Zeit ganze Teile des Nahen Ostens in Schutt und Asche gelegt werden könnten. In letzter Konsequenz ist das für mich einer der Hauptgründe dafür, daß es entweder eine Friedenslösung oder den Untergang des gesamten Nahen Ostens geben wird. Einen konventionellen Krieg, der konventionell bleibt und in dem Israel seine Existenz verliert, kann es nicht geben. Das ist aus der Welt geschafft. Wenn die Existenz Israels bedroht ist, dann nicht von einer Militärmacht und schon gar nicht von der der Palästinenser, sondern von einem Terror, der die Zivilgesellschaft Israels so weit demontiert, daß sie an Kapitalflucht, brain drain und »normaler« Emigration zusammenbricht. Eine Ahnung davon gab es im zweiten Golfkrieg, als die Leute vor den irakischen Scud-Raketen aus Tel Aviv geflohen sind – Richtung Jerusalem und in den Süden des Landes, aber auch ins Ausland.
Eine militärische Bedrohung der Existenz Israels gibt es so, wie man sie sich gemeinhin vorstellt, eben

konventionell, nicht mehr. Es gab sie das letzte Mal im 73er Krieg, als nach drei Tagen Moshe Dayan kreidebleich zu Golda Meir sagte: »Das ist der Untergang des dritten Tempels.« Darin klang die archaische Auffassung mit, das alte Königreich Israel sei im Zionismus wieder aufgelebt. Das ist zu einem geflügelten Wort geworden. Nach diesem Krieg war es meines Erachtens mit der militärischen Existenzbedrohung Israels endgültig vorbei.

Solange man davon ausgeht, daß der Gegner seine Chancen rational kalkuliert. Was aber, wenn er das nicht tut? Wenn er nicht nur als Guerillero, sondern als Märtyrer, als Selbstmörder auftritt? Oder als Antisemit? Der Antisemit ist ja ein Getriebener, der auch die eigene Vernichtung in Kauf nimmt, wenn es seinen Wahn befriedigt. Hat sich nicht in der palästinensischen Gesellschaft ein Todeskult entwickelt, der das Vertrauen in rationales Handeln illusorisch macht?

Ein präbewußtes Bedürfnis, den Tod herbeizusehnen, gibt es – nicht nur bei Palästinensern und Irakis, sondern unter bestimmten Voraussetzungen auch in sogenannten zivilisierten westlichen Gesellschaften. Zwei kleine Beispiele: Erster Weltkrieg, Zweiter Weltkrieg, wo ganze Kollektive mit Riesenjubel in welthistorische Massaker zogen. Der Versuch, diesen Todeswunsch einzelnen Personen zuzuschreiben, führt allerdings in die Irre. Die Todessehnsucht Saddam Husseins oder Hitlers richtete sich nicht auf sie selber, sondern auf Kurden und auf Juden. Ich wäre mit diesem Argument sehr vorsichtig. Ich gehe in meiner Analyse immer noch vom Eros aus, von libidinösem Lebensverlangen, nicht vom Thanathos. Denn wenn ich davon ausgehen muß, daß die Menschheit eine Rückkehr ins Anorganische herbeisehnt, wie von Schopenhauer schon einmal anvisiert und vom späten Freud noch mal angeblinzelt, brauchen wir auch dieses Buch nicht mehr zu machen.
Ich meine übrigens nicht, daß der Selbstmordattentäter etwas so spezifisch Palästinensisches ist. Was durch die Jahrhunderte, besonders in den Pha-

sen der Nationenbildung, mit der Jugend getrieben wurde, ist legendär. Man denke nur an das Hipphipphurra, mit dem Hunderttausende in den Ersten Weltkrieg gezogen sind. Oder etwa an die jugendliche Selbstaufopferung für das junge Israel und ihre poetische Verherrlichung. Die palästinensischen Selbstmordattentate haben viel weniger mit Todessehnsucht zu tun als mit der Tatsache, daß die Palästinenser für ihren Kampf nichts anderes mehr aufzubieten haben. Israel kann jederzeit, wenn es will, die palästinensischen Gebiete in ein paar Tagen wiedererobern. Es hieß, man werde dafür sieben Wochen brauchen. Es hat keine sechs Tage gedauert, da war die West Bank wiedererobert – kein Ruhmesblatt für die palästinensischen Freiheitskämpfer. Da müssen Leute, die wenigstens ein paar Feinde mit sich in den Tode reißen, zu Helden werden.

Es ist dennoch ein Unterschied zwischen der unglaublich schlechten Idee, mit dem Bajonett auf eine Festung loszugehen wie in Langemarck oder sich unter einem Wasserfall zu verstecken, um mit einer Bazooka syrische Panzer abzuschießen, und dem Vorsatz, sich selber in die Luft zu sprengen. Die einen nehmen den eigenen Tod in Kauf, die anderen suchen ihn.

Das ist keine essentielle Frage, sondern eine Frage des Kontextes und auch der Positionierung. Wenn im jüdischen Ghetto der Widerstand aussichtslos war, galt es – und gilt es noch im nachhinein – als große Heldentat, so viele Deutsche wie möglich in den Tod mitzunehmen. Es kommt ganz darauf an, wer der Redner ist. Im palästinensischen Narrativ stellt sich die Sache so dar: Wir sind zu nichts mehr fähig. Die Israelis zerstören unsere Infrastruktur, destruieren unsere Lebenswelten, sie morden, sie erniedrigen uns, sie haben, bevor einer von uns den Bus in die Luft gejagt hat, 56 Palästinenser umgebracht – da mußten wir zumindest ein Zeichen setzen. Und diese Erzählung wird dann ideologisiert, fetischisiert, vereinnahmt, instrumentalisiert, bis die Rede vom Selbstmordattentäter in der palästinensischen Politik die große Kacke geworden ist, die sie ist.

Muhlmann

»Viele Israelis erkennen in den Palästinensern sich selber«

Warum das Beispiel Ghetto? Es geht im Nahen Osten nicht um die Vernichtung des arabischen oder des palästinensischen Volkes.

Es geht um eine Situation, in der das Opfer nicht mehr fähig ist, etwas gegen seinen Schlächter auszurichten – ob dessen Ziel, wie im Warschauer Ghetto, der Völkermord ist oder nicht. Das Opfer will in beiden Fällen erstens ehrenvoll sterben und zweitens dem Schlächter dabei so viel Schaden zufügen wie möglich. Wie Samson, der um die Kraft bittet, möglichst viele Philister mit in den Tod zu nehmen, obwohl es weder ihm noch seinem Volk, den Juden, etwas nützt. Es gibt zwei jüdische Mythen beziehungsweise Syndrome, Samson und Massada. In Massada begingen die von den Römern belagerten Juden Selbstmord, um nicht lebend in die Hand der Feinde zu fallen. Dieses Syndrom spielt zur Zeit in Israel keine positive Rolle, das zionistische Ethos heißt im Gegenteil: Nie wieder Massada! (Wörtlich: Ein zweites Mal wird Massada nicht fallen!) Dafür gewinnt das Samson-Syndrom immer mehr an Bedeutung. Wenn aber ein solches Samson-Syndrom bei den Palästinensern auftaucht, gilt es plötzlich als barbarisch, antizivilisatorisch. Hätten die Palästinenser eine Armee, die fähig wäre, mit Hubschraubern in Tel Aviv das anzurichten, was die Israelis mit einer Ein-Tonnen-Bombe im Gazastreifen angerichtet haben, würden sie gern darauf verzichten, ihre Kinder als Selbstmordattentäter in einen Bus hineinzutreiben. Die Selbstmörderei ist nichts Essentielles, sondern Resultat einer bestimmten Konstellation. Das macht die Sache natürlich nicht besser.

Was so schrecklich ist an den derzeitigen Debatten, ist das Gerücht, es handle sich bei der neuen Geostrategie um ein Projekt zur Verteidigung der Zivilgesellschaft. Die Festlegung der Amerikaner, China dürfe keine regionale Hegemonialmacht sein, wird – wir wissen nicht wann und nicht unter welchen Bedingungen – fünf oder zehn Millionen oder vielleicht auch nur eine Million Tote fordern. Daß die USA sich festgelegt haben, der ehemaligen Sowjetunion den ganzen Südgürtel abzunehmen, wird zu schrecklichsten Kriegen führen. Daß das von Deutschland geführte Europa sich als Gegenmacht zu den Vereinigten Staaten installieren will, wird – wir wissen nicht wie schnell, wir kennen den militärischen Rückstand – mörderische Kriege und Stellvertreter-Kriege produzieren. Nachdem der Westen seine gemeinsame Klammer, den Kampf gegen die Sowjetunion und ihre Satelliten, verloren hat, brechen zwischenimperialistische Widersprüche auf, deren Auswirkungen noch unübersehbar sind, aber verheerend sein werden. In dieser Lage zu behaupten, der Selbstmordattentäter sei das Übel der Welt, ist – vornehm gesagt – disproportional, richtiger: mörderisch. Egal wie reaktionär, wie antisemitisch, wie wahnhaft der Selbstmörder und sein Umfeld sind.

Was auf die Welt zukommt, ist der Kampf um imperiale Einflußsphären, und die Subjekte dieses Kampfes werden Staaten sein, auf allen Seiten. Diese »islamische Welt« gibt es nicht, und wenn usbekische Führer sich mal eben ein islamisches Kostüm anziehen, ist es nicht mehr als eine putzige Verkleidung. Saddam Hussein ist kein Islamist und Ghadafi wird im Handumdrehen zum Freund der USA, wenn ihm der Arsch anbrennt. Da ist überall sehr viel Interesse und sehr wenig Wahn. Den es natürlich gibt und der sich da und dort verselbständigt, über das zweckrational Imperialistische hinaus. Aber man darf die Abfolge und die Proportionen nicht aus dem Blick verlieren.

Wenn seit Mitte des zwanzigsten Jahrhunderts die Produktionsmittel so weit entwickelt sind, daß objektiv kein Mensch auf der Welt, kein Kind, kein Mann, keine Frau mehr Hunger leiden, geschweige denn daran sterben muß, und doch jährlich zwischen 20 und 30 Millionen Hungers sterben, hat sich das System als Wahn verselbständigt. In Afghanistan ist 25 Jahre lang jedes vierte Kind nicht über das fünfte Lebensjahr hinausgekommen. Es ist nicht die Frage, ob es dafür keine zweckrationalen Erklärun-

gen gibt. Zweckrationale Vernunft ist ja, mit Max
Weber gesprochen, keine, die versucht, den Zweck
metaphysisch, als Wahrheit, zu begründen, sondern
nur eine Relation zwischen Zweck und den zu seiner Erreichung erforderlichen Mitteln herstellt.
Wenn das Rationalität sein soll, dann haben wir es
natürlich mit einer aus dem Geist der instrumentel-
len Vernunft geborenen Rationalität zu tun, die alles
legitimieren kann. Wenn unter solchen Gesichtspunkten Zweckrationalität Rationalität ist, hat sich
schon die Barbarei verselbständigt. Jährlich sterben
Abermillionen Menschen, die objektiv nicht sterben
müßten.

Andererseits geht die Geschichte, deren Ende Fu-
kuyama 1989 so großartig proklamiert hatte, so weiter, daß die USA, Europa – wenn es denn Europa
werden sollte, das ist noch immer die Frage – und
China um weltpolitische Hegemonie kämpfen. Zwei
große Anliegen gab es für die Amerikaner: Zentral-
asien und den Golf. Der eine Krieg hat stattgefunden, er hatte nur sehr wenig beziehungsweise nur als
Vorwand mit dem 11. September zu tun, und der
zweite steht bevor.

*Es gab Zeitungen, man kann sie, weitherzig, links
nennen, die zum 11. September schrieben: »Die
Dritte Welt schlägt zurück.« Sie versuchten, in das
reaktionär Antisemitische, Antiaufklärerische etwas
Emanzipatorisches hineinzugeheimnissen. Das liegt
auch daran, daß sie selbst nicht von völkischen Re-
flexen frei sind und deshalb Möllemanns Wort »Ich
würde auch so handeln, wenn mein Land besetzt
wäre« gar nicht falsch finden. Auf der anderen Seite gibt es eine Sehnsucht, die Feinde des Imperialismus, dessen Untertan man auch ist, als irre Selbst-
mordkollektive oder Todessehnsüchtige darzustel-
len, obwohl doch sogar die Taliban sich lieber ergeben haben und, wer sich ergibt, offensichtlich nicht
so todessehnsüchtig ist, daß er den Tod der Gefan-
genschaft vorzieht. Man mußte sie schon abschlachten. Die Taliban waren reaktionär, antisemitisch,
mörderisch, die schlimmsten Feinde für jede Frau –
ein Kollektiv von Selbstmördern waren sie nicht.*

Was Möllemann gesagt hat, hat peinlicherweise, vielleicht aber auch erklärlicherweise Barak gesagt: Wenn er Palästinenser wäre, würde er genauso gehandelt haben. Barak kommt aus einer zionistischen Kultur, die genau das, was hier zum Gegenstand der Kritik erhoben wird, praktiziert hat. Viele Israelis erkennen in den Palästinensern, die sie entmenschlichen, entrechten, als Feinde apostrophieren müssen, sich selber. Die kollektive Psyche der Israelis erkennt letztendlich das Widerstandsrecht der Palästinenser an, ohne es billigen zu können. Psychologisch gesprochen schlägt eine vorbewußte Schuld in umso heftigere Aggression um, die nur darauf wartet, daß wieder eine Untat begangen wird, auf die man mit umso größerer Vehemenz antworten kann.

Aber Barak hat das nicht in bezug auf den 11. September gesagt, und auch nicht in bezug auf die Selbstmordattentate.

Nein, über die Intifada, und gedacht hat er vielleicht ans Steinewerfen. Aber würde er, der ja in seinem Leben schon einiges mehr an Gewalt angerichtet hat, sich damit begnügt haben? Würde er nicht auch schießen und, wenn er nicht mehr schießen kann, sich selber in die Luft sprengen?

Würde er seine fünfjährige Tochter mit einem nachgemachten Sprenggürtel um den Körper auf einer Demonstration durch Berlin tragen?

Eine ideologisierende Verherrlichung wie durch dieses kleine Kind, das in Berlin mit auf die Demo genommen wurde, habe ich bei meinen Gesprächen mit Palästinensern in den besetzten Gebieten nie gehört. Das besagt freilich nicht, daß sie den Widerstand gegen die israelische Besatzung ablehnen. Ganz im Gegenteil. Gleichwohl: Die größte, mithin großkotzig pathetische »Kampfbereitschaft« zeigen in den Diskussionen diejenigen Palästinenser, die nicht vor Ort sind, sondern weit weg. Das erinnert an die jüdischen Anhänger des Likud in Frankreich, die sich als die radikalisten Befürworter der israelischen Gewaltpolitik gerieren. Die stehen den hier erwähnten überspannten Palästinensern in nichts nach.

Die dort lebenden Palästinenser, scheinen zu wissen, daß ihr Kampf »militärisch« sinnlos ist. Militärisch gefährdet, hast du gesagt, war Israel zuletzt im Krieg von 1973. Was war 1982?

Der Krieg von 1982 war nach Auskunft des Ministerpräsidenten Begin bereits ein nicht notwendiger Krieg, er war nicht aufoktroyiert, sondern eine Initiative Israels. Das hat zu einem großen Riß in der israelischen Gesellschaft geführt. Es entstand eine Friedensbewegung mit erkennbaren Strukturen, die zu einer Trägerin der israelischen politischen Kultur wurde. Die Friedensbewegung – das ist nicht mehr die maginale Mazpen-Bewegung, nicht die aus der hegemonialen politischen Kultur ausgeschlossenen Kommunisten, auch nicht einzelne Intellektuelle. Peace now! wird ein politisch-gesellschaftlicher Faktor, der die traditionelle, zionistisch legitimierte Politik hinterfragt. Der Krieg von 1982 ist auch keiner, der schnell beendet ist. Israel zieht sich zwar zurück aus Beirut, aber auf einen sogenannten Sicherheitsstreifen. Es wird 19 Jahre dauern, bis dieser Streifen wieder verlassen wird, und in diesen Jahren kommen so viele israelische Soldaten um, daß Begin noch in seiner Amtszeit in eine klinische Depression verfällt und aufgibt.

Begin, so heißt es, hatte sein Einverständnis nur für die Besetzung eines vierzig Kilometer tiefen Sicherheitsstreifens gegeben, den Vormarsch auf Beirut und alles andere hat Scharon nahezu eigenmächtig vollzogen. Dagegen hat sich sogar im Militär ein Widerstand gebildet, ein Oberst, der den Einzug nach Beirut verweigerte, wurde zum Sinnbild dieses Krieges. Die zivile, aber auch die militärische Ablehnung dieses Krieges kulminierte neunzehn Jahre später in der sogenannten Bewegung der vier Mütter, dem Beginn eines zivilgesellschaftlichen Protests, der dazu führte, daß Barak den Abzug aus dem Libanon anordnete.

1982 protestierten 250.000 Israelis gegen den Krieg, gegen die Regierung, das Militär und gegen das, was in Einvernehmen mit Sharon in Sabra und Shatila gemacht hatte wurde. Man sagt immer, es seien 400.000 Demonstranten gewesen, es waren nicht so viele, aber es waren genug, um ein Erdbeben hervorzurufen. Seit damals gibt es in der israelischen Gesellschaft keinen Konsens mehr, es sei denn, man redet über das, was die Existenz Israels als zionistischen Staat in Frage stellen könnte. In Fragen, in denen wir eine innerzionistische Alternative haben, gibt es Dissens.

Ein zweites Erdbeben, freilich ganz anderer Art, war das Aufkommen der Schas-Partei. Die Schas-Partei verkörpert drei Momente der die israelische Gesellschaft durchwirkenden Konfliktachsen in sich: die jüdische Religionsorthodoxie, die orientalisch-jüdische Bevölkerung und die ökonomisch minderbemittelten Schichten der israelischen Gesellschaft. Ein Erdbeben wurde Schas, weil diese Momente zum ersten Mal nicht mehr von einem linken Establishment auf die Tagesordnung gesetzt wurden, sondern – ähnlich wie bei Hamas – von einem Fundamentalismus her, der einen ganz anderen, einen ethnischen Ton anschlug und mit großem Selbstbewußtsein nach seiner Repräsentation im Zentrum der israelischen Politiksphäre, und zwar auf Ministerialebene verlangte. In knapp 15 Jahren kam die Partei von vier auf 17 Mandate. Eines ihrer Knesset-Mitgliedern hat in einem Moment der Wahlsieg-Euphorie gesagt, seine Partei werde die Knesset zum Beit-Knesset, das Parlament zu einer Synagoge machen. Zum ersten Mal tritt ein orthodoxes Bewußtsein auf, das nicht mehr sagt, wir haben mit diesem säkular-zionistischen Projekt namens Staat Israel nichts zu tun, sondern quasi national in Richtung einer Theokratie argumentiert, getragen von einem ethnischen Ressentiment, das heute mittlerweile die fast 50 Prozent der orientalisch-jüdischen Bevölkerung Israels mitrepräsentiert. Die Schas-Partei bringt die Verhältnisse in Israel zum Tanzen – freilich nicht unbedingt in Richtung Emanzipation. Die Partei will »dem Alten«, dem »Ursprünglichen« wieder zu seinem Recht verhelfen, es mithin und staatsoffiziell legitimieren. Teile der orientalischen Intelligenz unterstützen heute gewisse Aspekte dieser Bestrebung, indem sie sagen: Euer – das zionistische – Projekt war ein westliches, ein modernes, ein aschkenasisches Projekt – wir kommen von einer anderen Kultur, und wir stehen dazu.

Weder der Likud noch die Arbeitspartei, die sowieso fertig ist und nur noch japst, können es sich noch leisten, auf die Schas-Partei (beziehungsweise den von ihr repräsentierten Bevölkerungsteil) als Koalitionspartner zu verzichten. Das führt natürlich zu großen Problemen. So beansprucht die Schas-Partei immer das Innenministerium, um jeden Versuch einer zivilgesellschaftlichen Neuordnung des Personenstandsrechts zu blockieren. Sie insistiert darauf, daß Jude nur der ist, der orthodox als Jude gilt, entweder von einer jüdischen Mutter geboren oder jüdisch-orthodox konvertiert ist. Das hat mitunter zu Tragödien geführt, wie beispielsweise der, daß im Kampf gefallene, nichtjüdische russische (also aus der ehemaligen Sowjetunion eingewanderte) Soldaten der israelischen Armee nicht auf jüdischen Friedhöfen begraben werden können. Da ist einer als Jude erschossen worden und darf nicht als Jude begraben werden.

»Wer ist heute Jude?«

Jean Améry definiert Juden als »Personen, die im Sinne des Reichsbürgergesetzes vom 15. September 1935 als Juden gelten«. Jude ist, sollte das heißen, wer als Jude verfolgt wird.

Wer Jude ist, wird zwar auch durch den anderen, gleichsam »von außen« bestimmt – der Antisemitismus, der Judenhaß bringt dem Juden zu Bewußtsein, daß er Jude sei. Diese heteronom-negative Bestimmung des Juden reicht jedoch für eine Selbstbestimmung des Jüdischen natürlich nicht aus. Das Judentum verstand sich von Anbeginn als Religion, und das hielt sich über Generationen so, weil das Gemeindeleben in der Diaspora späterhin tatsächlich rund um die Uhr durch den religiösen Habitus bestimmt wurde: das gemeinsame Morgengebet, dem mindestens zehn Leute beiwohnen müssen, das koschere Essen, der Ritus. Das Religiöse war nicht nur Glaubensbekenntnis, sondern als auch ein soziales, in der jüdischen Gemeinde wirkmächtiges Prinzip. Das änderte sich von Grund auf mit der jüdischen Aufklärung, Moses Mendelssohn mag hier als zentrale Bezugsperson erwähnt werden. Die Aufklärung führte zur Abwendung vom traditionell beziehungsweise orthodox Religiösen und zur Hinwendung zum Säkularen, was freilich nicht gleichbedeutend ist mit der Aufgabe bestimmter Feste und Riten, wie etwa die hohen Feiertage oder Beschneidung. Es entsteht eine säkularisierte Traditionsform des Judentums. Warum ist jemand Jude? Jude ist man, weil man durch Geburt in eine sich als jüdisch verstehende Lebenswelt gerät. In der kleinen Gemeinde des Schtetl oder des Ghettos ist das ganz unproblematisch. Problematisch wird die Sache, wenn sie von der kleinen Lebenswelt auf landsmannschaftliche Größen übertragen und die Lebenswelt zur Schicksalsgemeinschaft ideologisiert wird; wenn man den Juden kollektive Gemeinsamkeiten zuschreibt, dem osteuropäischen Judentum, dem deutschen, dem französischen, aber auch dem marokkanischen, dem jemenitischen, dem irakischen, die ja alle sehr verschieden sind, mithin auch unterschiedliche Formen des Ritus entwickelt haben. Diese Ideologisierung hat der Zionismus vorgenommen, als er die Juden zu einem Kollektivsubjekt erklärte, so sehr sie sich sozial, politisch, ökonomisch, kulturell, aber eben auch religiös unterschieden. Schon das Berliner bürgerliche Judentum am Anfang des 20. Jahrhunderts hatte ein eher negatives Verhältnis zu den Juden Osteuropas (und prägte für sie den pejorativen Namen »Ostjuden«). Und wenn schon im Aschkenasischen eine solche Diskrepanz bestand, kann man sich vorstellen, was für ein Problem entstand, als orientalische mit aschkenasischen Juden zusammenkamen.

Es hat verschiedene Versuche gegeben, diese Diskrepanzen zu überwinden. Eine gewisse Strömung im Zionismus – die Kanaaniter – verstieg sich gar dazu, sich auf das Kanaan der Bibelzeit zu berufen. Aber das zentrale Postulat des zionistischen Establishments besagte: Wir sind Israelis, wir schaffen eine neue beziehungsweise sich erneuernde hebräische Kultur, der sich die nach Israel einwandernden Diaspora-Juden zu »unterwerfen« haben. Der Diaspora-Jude galt in den fünfziger und sechziger Jahren als Inkarnation dessen, was im Holocaust kulminierte – als Vertreter jenes Zustands, in dem aus Juden »Seife« gemacht werden konnte. Sich darauf beziehend, entstand damals das böse Schmähwort »Sabon« (Seife), Synonym für »feigen Schwächling« oder »Waschlappen«. Die alte jüdische Kultur sollte also durch eine hebräisch-israelische aufgehoben werden, mithin konnte es dazu führen, daß in Israel Geborene (Sabres) mit dem Spruch aufwarteten: Ich bin kein Jude, sondern Israeli. Dies kennzeichnete die zentrale Ausrichtung bis in die siebziger Jahre, als der Holocaust neu »entdeckt« wurde und das Jüdische in der Diaspora einen neuen Stellenwert bekam.

Wer ist heute Jude?

Das ist eine offene Frage geblieben, bis zum heutigen Tag. Israel hat immer noch keine Verfassung, weil man sich nicht darüber verständigen kann, wer Jude ist. Für das orthodox geführte Innenministerium ist Jude, wie gesagt, einer, der von einer jüdischen Mutter geboren wurde oder orthodox konvertiert ist. Daß jemand reformistisch konvertiert ist, reicht nicht. Man kann aber das Judesein auch schlicht über die in Israel entstandene Lebenswirklichkeit und Kultur bestimmen: Es gibt in Israel eine Lebenspraxis, eine reale gesellschaftliche Existenz und Kultur, der Juden sich zugehörig fühlen, ohne begrifflich definieren zu können, warum dem so sei. Fraglich ist, ob eine solche Definition überhaupt notwendig ist. Identitäten entstehen ja aus lebensweltlicher Praxis, aus dem was Bourdieu als Habitus benannt hat. Der Philosoph Jeshajahu Leibowitz, ein »linker« orthodoxer Jude, hat gesagt, wer die Gebote des Judentums einhält – es gibt 613 Gebote, keiner hält aber alle 613 ein –, der ist Jude, ganz gleich, ob er an Gott glaubt oder nicht. Er meinte polemisierend, die jüdische Religion sei kein Handelsgeschäft, bei dem man etwas für seinen Glauben erhält. Wenn man Jude sein will, muß man nicht mal

Habitus. Code. Der Bogen.

an Gott glauben, es reicht schon hin – und sei es
bloß mechanisch –, die Gebote einzuhalten. Wer die
Gebote einhält, führt, ob er will oder nicht, ein gott-
gefälliges Leben. Diese radikale Position wird von
vielen orthodoxen Juden abgelehnt, gefiel aber vielen »säkularen« Israelis in ihrer Aufmüpfigkeit.

Neben der Religion gibt es die jüdische Kultur, auf
die ich stolz bin und in deren Tradition ich mich
gern einreihe – das Hybride, Zwitterhafte, Schillern-
de, die jüdischen Denkweisen, Riten, die sich ver-
mengen mit nichtjüdischen Kulturen, die Zusam-
menstöße mit ihnen, in denen wieder neue Denkweisen, neue Wissenschaften, neue Künste entstehen, das hat sich als sehr produktiv erwiesen. Dazu,
als Ergebnis des Exils, das Universalistische, Kos-
mopolitische, die Ausrichtung auf die Befreiung der
Gesellschaft von Repression, unter der die Juden immer besonders zu leiden hatten. Ich will damit nicht
sagen, daß alle Juden große Kosmopoliten oder Sozialisten waren, ich will nur sagen, daß es vielleicht
kein Zufall ist, daß Leute wie Heine, Marx, Simmel,
Freud, Benjamin, die Denker der Frankfurter Schule, Kracauer, die alle überpartikular gedacht haben,
Juden waren.

*Wer von einer jüdischen Mutter geboren worden ist,
ist Jude, ob er will oder nicht? Und ob die Mutter
gläubige Jüdin war oder nicht?*

Das spielt keine Rolle. Meine Mutter war keine
gläubige Jüdin, und ich bin nach orthodoxem Gesetz, ob ich will oder nicht, Jude.

*Wenn deine Mutter keine gläubige Jüdin war, was
hat sie dann zur Jüdin gemacht?*

Die Tatsache, daß sie in einer mehrtausendjährigen
Tradition steht, an deren Anfang eine Jüdin stand.
Die Frage stellt sich natürlich erst in der Moderne,
denn mehrere Tausend Jahre lang wollte niemand
aus der jüdischen Religionsgemeinschaft ausscheren.
Jüdinnen waren immer »gute Töchter« Israels, aus
biologischem Selbstverständnis und religiöser Lebenspraxis.

Aus der religiösen wird, wenn die Religion abhanden kommt, eine ethnische.

Ich würde sogar sagen: eine biologisch-ethnische. Bis zur Aufklärung Ende des 18. Jahrhunderts stellte sich dieses Problem nicht, weil es ganz wenige Juden gab, die gegen das orthodoxe Gesetz verstießen.

Nehmen wir Feuchtwangers »Jud Süß«, Josef Süß Oppenheimer. Andere höfische Finanzchefs sind zum Katholizismus übergetreten, und auch ihm wird es nahegelegt. Er schwankt, ob er es tun soll.

Sogenannte Hofjuden konnten sich vor dieses Problem gestellt sehen. Den allermeisten Juden stellte es sich nicht. Die Juden, die übergetreten sind, waren eine verschwindende, nicht charakteristische Minderheit. Ein Vorspiel der Moderne war Spinozas theologisch-philosophisch begründeter Austritt aus der jüdischen Gemeinschaft. Spinoza wird im 19. Jahrhundert der philosophische Held eines sich assimilierenden Judentums. Wenn man sich die Bibliotheken in Palästina eingewanderter bürgerlicher deutscher Juden betrachtet – man kann das heute noch in der Nationalbibliothek in Jerusalem tun –, findet man neben Goethe und Schiller immer auch Spinoza.

Hat – und wenn ja, wie – der Holocaust die Definition, wer Jude ist, verändert?

Essentiell überhaupt nicht, ideologisch und politisch aber sehr. Die Shoa war für den Zionismus der endgültige Beweis, daß Juden in der Diaspora nicht leben können. Die Orthodoxen haben ihrerseits alle Holocaust-Opfer, also die sechs Millionen, zu Heiligen erklärt. Beides hat an der Definition des Juden nichts geändert. Es entbrannte aber großer Streit über die Frage, warum orthodoxe Rabbiner, als die Katastrophe heraufzog, in Polen, in Ungarn, in Rußland nicht die Anweisung gegeben haben, nach Palästina zu flüchten, sondern im Gegenteil gesagt haben: Wir verlassen uns auf Gott, er wird uns schon helfen. Es gab nach 1945 Leute, die sagten:

Gott ist in Auschwitz verbrannt. Ihnen hielten Orthodoxe das sehr prekäre Erklärungsmodell entgegen, das Judentum habe sich versündigt und sei dafür von Gott bestraft worden. Mit Sünde meinten sie erstens die Aufklärung und zweitens den Zionismus. Während der Zionismus im Holocaust den letzten Beweis für die Notwendigkeit der Gründung eines jüdischen Staates sah, erkannte das orthodoxe Judentum in der zionistischen Absicht, einen jüdischen Staat zu gründen, den Grund für den Ausbruch des Holocaust.

In »Ha Arez«, der renommiertesten Tageszeitung Israels, gab es vor einigen Jahren am Vorabend des Holocaust-Gedenktags fünf Anzeigen: Die erste kündigte die staatsoffizielle Gedenkfeier von Yad Vashem, des israelischen Holocaust Museums, an. Die zweite lud zu einer sogenannten alternativen Holocaust-Gedenkfeier ein, bei der unter anderem die Stimmen von Homosexuellen, von Arabern, auch die einer in Israel weilenden deutschen Studentin zu hören sein sollten. Eine dritte Anzeige rief auf Jiddisch zu einem jiddisch geführten Gedenkzeremoniell auf – die Leute wollten sozusagen »unter sich« bleiben. Jiddisch war die Sprache des osteuropäischen Judentums, der Hauptopfer des Holocaust. Eine vierte Anzeige lud zu einer Gedenkfeier von in Israel lebenden Veteranen der Roten Armee ein, die das Holocaust-Gedenken als ehemalige Kämpfer, nicht als wehrlose Opfer zelebrieren wollten. Und schließlich gab es einen Aufruf von Holocaust-Überlebenden zu einer Demonstration gegen die Regierung, welche sie um ihre Wiedergutmachungsansprüche prelle. Das alles existiert in Israel in einem nicht monolithischen, eben heterogenen lebensweltlichen Nebeneinander. Gerade an dieser Parzellierung des Holocaust-Gedenkens läßt sich dies gut ablesen.

Prekär wird es, wenn Identität sich materialisiert. Nichts macht beispielsweise den säkularen Israeli wütender, als die Tatsache, daß die orthodoxen Juden vom Militärdienst freigestellt sind. Da können sogar fast schon antisemitische Töne aufkommen – gegen diese »Parasiten«. Überhaupt ist der orthodoxe Jude für den zionistischen säkularen Israeli ein großes psychologisches Problem. Der Orthodoxe weist für ihn alle Attribute des Diaspora-Juden auf, zumal Ultra-Orthodoxe am Unabhängigkeitstag schwarze Fahnen rauszuhängen pflegen, zum Zeichen der Trauer über die zionistische, gegen Gottes Willen vollzogene Staatsgründung. Der orthodoxe Jude ist für den säkularen zionistischen Juden gleichsam die Wiederkehr von Verdrängtem. Solange er in seinem lebensweltlichen Ghetto blieb, drückte man ein Auge zu. Als aber die Orthodoxen, gesteigert über die Schas-Partei, in die israelische Politik vordrangen und begannen, sowohl wirtschaftliche als auch kulturelle Ansprüche zu stellen, war mit dieser Art »Toleranz« Schluß. Der offensichtliche emotionale Widerwillen erklärt sich daraus, daß dieses »andere« ein Teil des kollektiv postulierten Selbst ist, das »ursprünglich« Jüdische, die Religion, die Diaspora – eben das, was zionistisch negiert werden mußte, damit der neue Jude entstehen konnte. Das Bedürfnis nach einer Definition, wo aus historisch-soziologischen realen Gründen keine Definition möglich ist, bricht an Stellen durch, wo »das andere« in die eigene Lebenswelt eindringt. Das Ressentiment ist eine real dokumentierte Empfindung.

Bleibt also die Definition, die Sartre gibt: Jude ist, wer Opfer eines antisemitischen Pogroms würde.

Das Problem der heteronomen Bestimmung ist, daß sie das Negative so sehr braucht, daß sie dazu neigt, daraus einen Fetisch zu machen. In Israel sind 2000 Jahre Verfolgungsgeschichte, Antisemitismus und Shoa zu solchen Fetischen geworden. In den sechziger und siebziger Jahren war es noch ein Teil des offiziellen Geschichtsunterrichtes, den Kindern zu vermitteln, daß Israel als Zufluchtsort vor der nächsten Shoa gegründet werden mußte. Das hatte wenig mit der Realität der damaligen Zeit zu tun, in der weder in Europa noch in Amerika noch in Sowjetrußland eine neue Shoa drohte. Davon ist später alles mögliche abgeleitet worden; in der Siedler-Bewegung zum Beispiel wird heute die Shoa auf eine Art und Weise in den Mund genommen, die jegliches

Andenken an das reale historische Ereignis endgültig kontaminiert. Tatsächlich war die heteronome Bestimmung nach 1945 ein konstitutives Moment der jüdischen Selbstbestimmung. Heute, da der Zionismus seine Anziehungskraft auf die Diaspora-Juden etwa in den USA zum großen Teil verloren hat, ist die Shoa zu einer Art Ersatzreligion geworden. Ihr schüttelt den Kopf?

Der Antisemitismus muß sich unter den Bedingungen der Kapitalfeindschaft ständig reproduzieren. Die Gegenüberstellung von raffendem und schaffendem Kapital, also von Zirkulation und Produktion, die Dämonisierung von Geld und Kredit ist unabhängig sowohl von der Zahl der Juden als auch von ihrer je konkreten Stellung in der Gesellschaft. Deshalb gibt es keinen Ort und keine Zeit, über die man sagen kann, es drohte oder droht keine Verfolgung. Stefan Heym berichtet in seiner Autobiographie, wieviel gefährlichen Antisemitismus er in den frühen dreißiger Jahren in den USA, in die er vor den Nazis geflohen war, erlebte.

Antisemitismus hat es in den USA immer gegeben. Ich rede nicht von Antisemitismus, der Shoa-Potentiale hat, ich rede von der Shoa selbst, von der massenhaften Vernichtung von Juden.

Der Antisemitismus in den USA hat sich in keinem Massenmord an Juden entladen, aber die Latenz, die Heym da beobachtet, die Bedrohung war da. Der Antisemitismus ist gedanklich von der Möglichkeit der Ermordung der Juden nicht zu trennen. Man kann realistisch sagen, daß im Moment, in überschaubarer Zukunft keine Shoa droht. Aber ich kann nicht unterscheiden zwischen eliminatorischem und ungefährlichem Antisemitismus. Auch die Bekämpfung des Antisemitismus durch gemäßigte Antisemiten – Beispiel Treitschke – schürte das Ressentiment. Deshalb muß es das Refugium Israel geben, unabhängig von seiner inneren Verfaßtheit und Qualität. Jede andere Position wäre geschichtlich verantwortungslos.

Daß es Israel geben muß, habe ich schon gesagt. Aber auf Dauer ist Israel mit dem Antisemitismus nicht zu legitimieren, vor allem aber als pulsierende Lebensrealität nicht aufrecht zu erhalten. Das war in den fünfziger und sechziger Jahren möglich. Der nächste Völkermord steht nicht bei den Juden an, sondern ganz woanders. Es wird, wenn man schon von einem Clash der Zivilisationen reden will, eine große Völkerwanderung von der Dritten in die Erste (satte) Welt geben, die sich gegen diese hungernden »Parasiten« abschotten wird, mit der Folge einer ungeheuren Xenophobie. In Ostdeutschland wird nicht zufällig hie und da ein Vietnamese oder ein Türke umgebracht, und kein Jude. Nicht, weil es keine beziehungsweise nur wenige Juden gibt. Der Antisemitismus ist mittlerweile zum Code geworden und hat mit dem realen Juden gar nicht mehr so viel zu tun. Deshalb ist auch der Anspruch Israels, ein Refugium für die in der Welt Verfolgten zu sein, eine eher verquere Angelegenheit.

Der reale Holocaust mag die historische Notwendigkeit eines Judenstaat »gelehrt« haben. Das Problem liegt aber darin, daß der Holocaust heute in Israels politischer Kultur ideologisch vereinnahmt wird. Ein Mann wie Izhak Rabin konnte noch in den siebziger Jahren sagen, die aus Israel abwandernden Juden seien ein Abfallprodukt der israelischen Gesellschaft. Nicht nur von ihm wurde dabei die Shoa herangezogen, um zu begründen, warum Juden nicht aus Israel abwandern dürften. Die Shoa wird bis zum heutigen Tag dazu instrumentalisiert, die Leute nationalchauvinistisch zu stimmen, teilweise auch regelrecht zu indoktrinieren.

Ich habe ein Buch gemacht, in dem ich auf 360 Seiten gesammelt habe, wie die israelische Presse im Golfkrieg 1991 die Shoa Tag für Tag mit Dutzenden pathetisch-rhetorischen Floskeln instrumentalisiert hat. Als Sohn eines Auschwitz-Überlebenden bin ich angewidert, wenn ich sehe, wie das Schicksal der Generation meiner Eltern vereinnahmt und ihr Andenken in ideologisch zynischer beziehungsweise banalisierender Art und Weise kontaminiert wird. Unter anderem auch, weil jeder Vollmondidiot an jeder Bushaltestelle bei jeder minimalsten Ungerechtigkeit, die ihm widerfahren ist, das Wort Shoa in den Mund nehmen kann.

Welche Instrumentalisierung meinst du? Jede Art von Gebrauch historischer Daten und Ereignisse zu Zwecken der Beschreibung von aktuellen Gefahren, zum Zwecke der Belehrung, zum Zwecke der Erfahrungsübermittlung ist natürlich Instrumentalisierung.

Es kommt auf die Absicht an. Wenn der Opfer gedacht werden soll, darf ich sie nicht instrumentalisieren, um neue Opfer zu schaffen. Wenn jemand sagt, es soll nie wieder Opfer geben, frage ich, ob er meint, der Staat müsse mit Gewalt, selbst Opfer schaffend, dafür sorgen, oder ob wir eine Politik machen müssen, die in ihrer Tendenz keine Opfer mehr produziert. Aber jenseits dieser unterschiedlichen Instrumentalisierungen bleibt die große Frage, ob und welchen unmittelbaren realen Bezug es zwischen Holocaust, Israel, Judentum, Fortbestand des Judentums, Fortbestand Israels undsoweiter gibt. Ich glaube, daß die negative Selbstbestimmung der israelischen Bürger durch die Shoa in eine paranoide Kultur ausgeartet ist. Alle müssen immer »auf der Wacht« sein, die »ganze Welt ist gegen« uns, »unser Schwert muß in alle Ewigkeit gezückt bleiben«. Das verwandelt eine Gesellschaft in eine Militärgesellschaft. Adornos Satz, es sei barbarisch, nach Auschwitz ein Gedicht zu schreiben, kann ja auch mahnen: zu größter Vorsicht beim Versuch, den Holocaust zu begreifen, vielleicht auch davor, den Holocaust allzu leichtfertig zu ideologisieren. Als ich als Institutsleiter im November 2001 meine kritische Wagner-Veranstaltung in Israel organisiert habe, gab es im Vorfeld Proteste. Die wie immer kritische, jedoch intellektuell offene Durchbrechung der tabuisierten Auseinandersetzung mit Wagner schmeckte gewissen politischen Kreisen nicht. Wenn aber Wagner das einzige ist, was staatsoffiziell die Ambivalenz »Deutschland« gegenüber ausdrückt, Wagner mithin zu einem merkwürdigen Residuum des Holocaust-Gedenkens wird, und zwar deshalb, weil man sich mit Deutschland schon »versöhnt«

hat, die israelischen Straßen zudem voll sind mit deutschen Autos und die Warenhäuser voll mit deutschen Waren, dann muß man sich fragen, was ist das für ein Holocaust-Gedenken sein soll? Die sogenannten, bereits 1952 getroffenen Wiedergutmachungsabkommen haben die Sühne materialisiert. Schon 1965 kam es zwischen Israel und Deutschland zu vollen diplomatischen Beziehungen. Nur Wagner darf nicht gespielt werden, und Daniel Barenboim, der es gewagt hat, diesen lächerlichen, bigotten Bann zu durchbrechen, wird von einem Ausschuß des israelischen Parlaments zur kulturellen Persona non grata erklärt. Ein im Jahre 1883 gestorbener deutscher Komponist wird jetzt zum Sinnbild des Gedenkens, weil man in der Realität schon ganz andere Sachen abgezogen hat. Ganze Gebäude der Universität, in der ich lehre, sind heute von deutschen Stiftungen finanziert, auch mein eigenes Institut. Davon rede ich.

Daß so viele Tabus preisgegeben wurden, macht den Versuch, ein paar letzte zu retten, nicht verächtlich.

Dann muß ich mal erzählen, was da wirklich war: Am Vorabend der Veranstaltung gab die Musikakademie, sozusagen als anschaulichen Vorspann für das am nächsten Tag zu Diskutierende, ein Konzert von Wagner-Stücken, den Wesendonk-Liedern und Wagner in der Bearbeitung von Liszt. Am nächsten Tag die Konferenz: vier deutsche Wissenschaftler, vier israelische Wissenschafter reden über Wagner. Aus Deutschland eingeladen war unter anderen Hartmut Zelinski – es gibt wenige, die mit Wagner kritischer umgegangen sind als er. Ich selber habe einen großen Vortrag zur politisch-ideologischen Dekonstruktion von Wagner gehalten. Was passierte? Beim Konzert hat ein Mann gleich zu Beginn angefangen, mit einer Rassel den Vortrag zu stören. Wärter wollten sofort auf ihn los, um ihn rauszuwerfen. Ich habe gebrüllt: Rührt ihn ja nicht an. Das war ein Holocaust-Überlebender. Der ist dann rausgegangen. Und siehe da, nach dem Konzert gab es Leute, die nicht geklatscht, sich aber das volle Konzert angehört haben, es gab

Leute, die höflich geklatscht und sogar Leute, die vehement geklatscht haben. Das Publikum war heterogen.

Am nächsten Tag gab es die Konferenz, die vorher in der Presse und im Rundfunk übrigens groß angegriffen wurde – ich sei, hieß es, von den Deutschen bezahlt, damit ich diese Konferenz in Israel durchführe. Wir rechneten am Anfang mit 150 Besuchern und bestellten einen entsprechenden Saal in der Universität. Es kamen dann 400, die sich einen ganzen Tag lang gebannt anhörten, was wir zu sagen hatten. 400 Leute, die eine ganz andere Auseinandersetzung haben wollten, als die Politik ihnen vorgeschrieben hatte. Es gibt Holocaust-Überlebende, die das nicht haben wollen, es gibt solche, die sagen, ich höre mir das nur zu Hause an, und es gab sogar solche, die gesagt haben, es wird höchste Zeit, daß wir Wagner jetzt in Israel aufführen. Ich bin übrigens nicht dieser Meinung. Solange es Holocaust-Überlebende gibt, sollte man Wagner in Israel nicht aufführen. Die Holocaust-Überlebenden selber sind ganz unterschiedlicher Meinung. Daß sie als eine politisch homogene Gruppe dargestellt und vereinnahmt werden, hat viel mit politischer Ideologie in Israel und wenig mit dem realen Holocaust-Gedenken im Land zu tun. Das war nicht der letzte Versuch, ein Tabu zu retten, geschweige denn der Opfer zu gedenken, es war ein Versuch, eine rechtslastige Politik zu machen.

Ich würde mir sehr wünschen, daß des Holocausts wesenhaft gedacht würde, ich bin nur der Meinung, daß die dominante israelische politische Kultur dazu von Anbeginn nicht sonderlich fähig war. Das Gedenken wurde immer für ein ganz bestimmtes Narrativ vereinnahmt. Es ist kein Zufall, daß heute die letzten Überlebenden versuchen, auf Video- und Audio-Kassetten, in geschriebenen Memoiren oder vor Schülern ihre Geschichte zu erzählen, eine Geschichte, mit der sie sich im abstrakten, staatsoffiziellen Narrativ nicht oder nur wenig wiedergefunden haben. Wir stehen, was Holocaust-Gedenken in der nächsten Generation angeht, vor einem riesigen Problem, denn innerhalb von nicht allzu vielen Jahren wird es keine Überlebenden mehr geben.

Wir reagieren so empfindlich auf die Rede von der Instrumentalisierung des Holocaust, weil sie an Walsers »Instrumentalisierung von Auschwitz zu gegenwärtigen Zwecken« erinnert.

Das liegt nur daran, daß ihr nicht mein Buch gelesen habt, bevor ihr Walser gehört habt.

Maßstab Auschwitz

Es gibt natürlich eine Instrumentalisierung. Je weiter Auschwitz zurückliegt, um so mehr ist von diesem Ort in Deutschland die Rede. Und richtige Konjunktur hat Auschwitz bekommen, als die deutschen Achtundsechziger entdeckt haben, daß sie mit diesem Pfund außenpolitisch würden wuchern können. Weil sie selber Auschwitz so vorbildlich bearbeitet haben, können sie nun anderen erklären, wie man Auschwitz verhindert – in Serbien, in Afghanistan, im Irak.

Natürlich wurde der Holocaust nicht nur in Israel, sondern auch in Deutschland instrumentalisiert, und ich würde sogar sagen, es gab in dieser Hinsicht ein Komplementär-Verhältnis: In beiden Ländern wurde der Holocaust 15 Jahre lang (nicht nur aus psychischen Gründen) beschwiegen. Israel brauchte die Wiedergutmachung, um seine Infrastruktur aufzubauen, und Deutschland brauchte eine Art von »Entsühnung«, weil es in die Völkergemeinschaft aufgenommen werden wollte. Ben Gurion hat bereits 1952 von einem »anderen Deutschland« geredet, weil er seinen Landsleuten das Wiedergutmachungsabkommen verkaufen mußte. Die Instrumentalisierung war von Anbeginn darin angelegt, daß die Sühne materialisiert wurde, und zwar nicht nur von Deutschland, sondern auch – durch Annahme der Zahlungen – von Israel. Sieben Jahre nach Öffnung der Tore von Auschwitz wurde sozusagen über den Tauschwert von Auschwitz verhandelt. Viele Holocaust-Überlebende haben die Annahme der Wiedergutmachungsgelder verweigert, weil ihnen der Gedanke unerträglich war, gleichsam performativ auszudrücken, wie viel das Leben ihrer Mutter oder Großmutter wert sein sollte.

Andererseits war die Frage nach Auschwitz eine wichtige, vielleicht die wichtigste Leistung linker Kritik in der alten Bundesrepublik. Bis heute hört man in Israel, die Deutschen hätten sich nie mit dem Holocaust auseinandergesetzt. Aber das ist einfach nicht wahr, weder was die Schulen noch was die Publizistik, das Feuilleton, die Massenmedien oder die Geschichtsforschung angeht. Ohne daß ich die Phänomene gleichsetzen will, kann man doch sagen, daß sich Deutschland mit dem Nationalsozialismus unvergleichlich intensiver auseinandergesetzt hat als Frankreich oder England das mit ihrer kolonialen Vergangenheit im Algerienkrieg oder in Indien getan haben. Wer Auschwitz zu einem Maßstab erhebt, vor dem alles andere unwichtig wird, macht sich das Leben zu leicht. Er entfernt Auschwitz aus der Geschichte, ohne daß, wie Adorno sagt, die gesellschaftlichen Bedingungen für ein Auschwitz – und zwar nicht nur ein Auschwitz der Juden – aus der Welt geschafft würden. Aber es gibt ja eine transhistorische zivilisatorische Tendenz zu Auschwitz, eine Tendenz, die mich wach sein lassen muß. Und es ist unter diesem Gesichtspunkt, daß gefragt werden muß: Wo kündigt sich das an? Was war mit der schwarzen Sklaverei? Was war mit dem Völkermord an den Indianern? Damit soll Auschwitz mitnichten relativiert werden, sondern nur bewußt gemacht, daß Auschwitz Vorformen hat. Ich fahre jedes Jahr nach England, in eine sehr konservative Region – was die Leute dort teilweise bis zum heutigen Tag über den englischen Kolonialismus in Indien sagen, ist haarsträubend.

Ein israelischer Minister besucht Auschwitz, kommt heraus und sagt, jetzt wisse er wie künstlich doch der Streit der Parteien sei, gemessen an der Bedeutung des Staates. Nur in Auschwitz könne man begreifen, wie berechtigt Israels Insistieren auf Sicherheit ist. Ein anderer Minister, der ihn begleitet, sagt, wir müssen den Staat ausbauen und seine Macht vergrößern. Das legitimiert ideologisch, in den besetzten

Gebieten und mit der arabisch-israelischen Minderheit so gut wie alles zu machen, was man will. Und wenn dann einer Ausschreitungen des israelischen Militärs mit der tief verwurzelten Angst der Soldaten erklärt, die erfahren haben, daß die ganze Welt gegen die Juden ist, dann ist das zwar empirisch falsch, weil ja die größte Weltmacht jedenfalls im Moment nicht gegen Israel ist – wahr ist es doch. Du stellst die beiden möglichen Lehren der Shoa gegeneinander: Das soll uns nie wieder passieren und: Das soll nie wieder passieren.

Es soll uns nie wieder passieren – das ist eine Errungenschaft. Du hast darüber geschrieben, wie dieses Postulat dazu führen kann, daß es wieder passiert, etwa wenn die Suche nach Sicherheit so dominant wird, daß den Opfern, die auf ihrem Altar sterben, mit Ignoranz begegnet wird. Das ist gut verständliche Dialektik. Aber ein bißchen staatsidealistisch ist es doch, wenn du aus dem Dogma des Staates, daß uns das nicht wieder passieren soll, die Aufgabe eines Linken in Israel ableitest, immer wieder die möglicherweise daraus erwachsende Brutalität Israels zu thematisieren.

Für Deutschland stellt sich die Frage anders. Deutschland hat es geschafft, sich als Musterschüler zu kostümieren. Wenn in den sechziger Jahren debattiert wurde, ob bestimmte Naziverbrechen verjähren sollten, dann sagten die Redner im Parlament: Haben wir nicht bewiesen, was für treue Bündnispartner und Liebhaber der Werte des Westens wir sind. Der Nationalsozialismus und der Holocaust werden dabei zunächst verschwiegen. Dann kommen, als Reifeprüfungen des Musterschülers, erst die Weizsäcker-Rede und dann die Wehrmachtsausstellung. Jetzt werden Nationalsozialismus und Holocaust eingestanden, aber es hat nichts Kritisches mehr, es bringt gerade noch Herrn Dregger und die NPD zum Toben und läßt Herrn Gauweiler aus dem Ruder laufen. Aber es ist nichts Oppositionelles, sondern es ist Bestandteil des Staatskultes, der Transformation vom Musterschüler zum strengen Prüfer des Auslands. Nun heißt es: Wir sind eigentlich schwer enttäuscht von den Briten, daß sie ihre Vergangenheit noch nicht so vorbildlich aufgearbeitet *haben wie wir. Wie weit sind die Russen eigentlich mit den Vergewaltigungsgeschichten oder dem Versenken der Wilhelm Gustloff? Haben die Tschechen eigentlich schon die Benes-Dekrete bereut? Roman Herzog, der Schüler und Protégé des Nazi-Juristen Maunz, erzählte als Bundespräsident, er sei viel in der Welt herumgekommen und habe überall Lob gehört, wie vorbildlich wir Deutschen unsere Vergangenheit bewältigt haben. Und schließlich konnten die Deutschen wieder in den Krieg ziehen, nicht um ein Auschwitz einzurichten, sondern um ein serbisches Auschwitz zu verhindern. Das ist der Hintergrund unserer kritischen Fragen zur »Instrumentalisierung von Auschwitz«.*

Ich erkenne die Leistung der Achtundsechziger, sich dem Nationalsozialismus gestellt zu haben, an – bei allem Mist, den sie in mancherlei Hinsicht sonst gemacht haben mögen, und ihrem allzu leichtfertigen Gebrauch des Begriffs Faschismus. Ihr historischer »Auftritt« hat zu einem Wandel der politischen Kultur Deutschlands beziehungsweise der alten Bundesrepublik geführt. Natürlich wurde es auch instrumentalisiert – im Historikerstreit, in der Mahnmal-Debatte, der Wehrmachtsausstellung, der Goldhagen-Debatte, der Walser-Debatte. Die Konfrontation Walser und Bubis war in der Hinsicht durchaus paradigmatisch, und Bubis' Resignation am Ende seines Lebens auch. Andererseits treibt jede Debatte, so sehr sie von der »FAZ«, der »Zeit« und anderen inszeniert ist, einen Diskurs hervor, in dem auch Stimmen von Leuten wie euch zu hören sind. Daß Deutschland heute als großer Wächter der Weltmoral auftritt, war mir nicht so bewußt. Aber ich habe bei Gesprächen in Frankreich oder England schon vermißt, daß man sich mit der dortigen Vergangenheit, die zum Teil ziemlich horrend gewesen ist, auseinandersetzt, und erst recht in den USA, wo man sich beispielsweise mit den an den Indianern begangenen Verbrechen kaum beschäftigen will. Ich vermisse das, ganz egal, ob der deutsche Bundespräsident es instrumentalisiert, um die Deutschen als Vorbilder herauszuputzen.

Die neuen Deutschen

Du redest zu gut über die Achtundsechziger. Schon nach dem Sechs-Tage-Krieg wurde bei einer Demonstration in Berlin »Shalom Napalm« auf ein Denkmal für die ermordeten Juden geschmiert, und der alte Antifaschist Wolfgang Abendroth mußte seine jungen SDS-Genossen bitten, doch das Existenzrecht Israels anzuerkennen. Einer von ihnen, Rabehl, hat später über sich, Dutschke und andere geschrieben, die Achtundsechziger hätten gegen »politische Überfremdung« und »die grundlegende Zerstörung von Volk und Kultur gekämpft«.

Aber wie erklärt ihr euch – bei diesem Diskurs – den Aufstand?

Ein Leben lang zu tun, was sowieso geschieht, macht ein schlechtes Gewissen. Auch weil man spürt, daß die Gesellschaft etwas anderes von einem erwartet. Die Demokratie wird doch erst dadurch schön, daß die Mehrheit das, was geschehen muß, mit aller Vehemenz verficht, die Minderheit Bedenken hat und dennoch mitmacht. Zum Krieg, dem Vietnamkrieg oder dem Golfkrieg, gehört wie die Mehrheit, die dafür ist, die Minderheit, die was dagegen hat. Wie gegen die Wiedervereinigung. Da waren auch alle, die fürs Dagegensein gehalten werden, dagegen: Herr Fischer, Frau Vollmer, Günter Grass ... Heute will natürlich keiner mehr etwas davon wissen. Ein linker Intellektueller, der heimkehrt in den Schoß der Familie oder der Volksgemeinschaft, wird auch immer zum Fälscher seiner Biographie und sucht verzweifelt in den ältesten Papieren, daß er doch schon damals ganz anders ... Kaum wird Grass an seine skeptische Haltung zur Wiedervereinigung erinnert, kramt er Manuskripte aus den sechziger Jahren hervor, in denen er die polnische Westgrenze nicht anerkannt hat; er habe schon 1965 herausgekriegt, daß die Alliierten sich über Stettin und den Lausitzzipfel nicht einig gewesen seien, und da habe er ansetzen wollen. Und zum Beweis, was für ei n guter Deutscher er ist, publiziert er seinen damaligen Vorschlag, im Hunsrück und im Taunus die Städte Neu-Königsberg und Neu-Breslau zu gründen.

Was Dutschke betrifft: Der war viel zu antiautoritär; das Antiautoritäre und das Faschistische schließen sich aber gegenseitig aus. Da würde ich auf jeden Fall ihn und natürlich damit auch die Achtundsechziger retten wollen. Man muß die Achtundsechziger kritisieren, aber man darf sie nicht nachträglich einbräunen, nur weil einige sich später haben einbräunen lassen.

Die Völkischen waren vielleicht nur eine Minderheit unter den 68ern, aber es gab sie und sie wurden nicht als störend empfunden.

Und wer gehörte dazu?

Rabehl, Mahler, Maschke, Oberlercher, die sich heute dazu bekennen, und viele der »Dem Volke dienen«-Maoisten, die heute dem deutschen Volke dienen. Es gibt da noch ein Moment, das wir aus der Zeit der Ersten Weltkriegs kennen: die antiwestliche Front, das heißt die Vorstellung, mit der Roten Armee hinter die Oder zurückzufliehen und von dort den Kampf gegen die jüdische Demokratie aufzunehmen. Horst Mahler ist ein später Erbe dieser Haltung, auch Reinhold Oberlercher, nach eigenen Angaben der Erfinder der Apo, der den 11. September eine Manifestation islamischer Hochkultur genannt hat. Was deutsche Nazis und islamische Fundamentalisten verbindet, ist die übereinstimmende Auslegung der westlichen Werte, des Kapitalismus und seiner Seele, des Juden.
Die Phase, in der die Achtundsechziger sich mit den Nazi-Vätern beschäftigt haben, war sehr kurz. Adorno und die Frankfurter Schule, die das thematisiert hatten, waren für den SDS, für Dutschke, Rabehl und die meisten anderen schnell erledigt.

Die sogenannten »neuen Historiker« in Israel hatten in den Neunzigern, drei, vier Jahre lang eine kurze, große Konjunktur, waren überall eingeladen, oft und intensiv zu hören und zu lesen; heute redet von ihnen kaum jemand mehr. Und dennoch hat sich der Diskurs dank ihres Einflusses von Grund auf geändert. Es wird anders geredet in Deutschland ab den siebziger Jahren als in den fünfziger Jahren geredet worden ist. Und es wird ab Anfang der neunziger Jahre in Israel anders geredet über Zionismus, über Judentum, über den Holocaust, übers Überleben als zuvor, und zwar eben deshalb, weil die neuen Historiker am Werk waren. Die Frage, ob Zionismus ein Kolonisationsprojekt gewesen ist, kann heute einfach nicht mehr ignoriert werden. Benni Morris kann sich zehnmal in seinem eigenen Saft rumdrehen und schmoren, mithin zum Wendehals verkommen, der Diskurs darüber, was er über 1948 geschrieben hat, ist nicht mehr aus der Welt zu schaffen.

Es geht um die Betonung. Die Deutschen hatten eine fabelhaft trickreich-demagogische Methode der Verständigung gefunden. Adenauers Wort »Das Weltjudentum ist eine große Macht« besagt, daß sie nichts »wiedergutmachen« wollen, aber leider müssen. Dann kamen die Debatten über Verjährung oder Nichtverjährung des schwersten nationalsozialistischen Verbrechens. Alle Redner sagen, alle Verbrechen müßten eigentlich verjähren – aber man denke bloß an die Folgen im Ausland! Die Volksvertreter teilten dem Volk mit: Was wir jetzt tun, ist nicht unser Wille, laßt euch von unseren Beschlüssen nicht in eurer Gesinnung tangieren. Es wird ein Mahnmal für die ermordeten Juden gebaut – aber erst, nachdem das Volk weiß, der Kanzler hätte dieses Schandmal lieber nicht in seiner Hauptstadt. Kein Politiker fordert auf, Synagogen zu stürmen, sondern der Staat schützt sie, und nur weil der Staat die Synagogen schützt, sieht es so aus, als seien die Juden in Deutschland nicht bedroht. Was geschieht, wenn es dem Staat gefällt, sie zu stigmatisieren, kann man an jedem dunkelhäutigen Menschen in der U-Bahn studieren. Das war das Fazit, das Ignatz Bubis gezogen hat.

Ich meine, daß er sich getäuscht hat.

Er hat die Vergeblichkeit seiner Anstrengung situativ erkannt.

Wenn also die Juden in Deutschland nicht vom Staat beschützt werden, wären sie Verfolgung und Gewalt ausgesetzt?

Vielleicht würden Teile der Gesellschaft ihren Schutz übernehmen, aber nicht weil die Gesellschaft das möchte, nicht weil sie keine antisemitischen Pogrome ertrüge, sondern weil Antisemitismus für die Deutschen ein Standortrisiko ist. Der antisemitische Angriff des FDP-Politikers Möllemann auf Michel Friedmann ist nur gescheitert, weil der Präsident des Bundesverbands des Groß- und Außenhandels gesagt hat, Schluß damit, das können wir uns nicht leisten.

Ihr meint also, daß in Deutschland eine Konstellation fortbesteht, wie sie zur Zeit des Nationalsozialismus bestand?

Wir reden nicht von einer Reichsprogromnacht. Aber wenn richtig bleibt, daß die antisemitische Äußerung bereits die antisemitische Handlung ist, gibt es eine ungebrochene Kontinuität. Natürlich ist zwischen Totschlag und Erörterung ein Unterschied, aber nach Auschwitz schwingt im Antisemitismus immer die Vernichtung mit.

Der Wunsch von Juden, deutsche Bürger mosaischen Glaubens zu werden, ist in Auschwitz endgültig verbrannt. Die Generation meiner Eltern, die das Judentum nach Auschwitz hier gebildet hat, bestand hauptsächlich aus osteuropäischen Auschwitz-Überlebenden, die sagten, wir sitzen hier auf gepackten Koffern, und der Grund, warum wir überhaupt hier sitzen, ist ein wirtschaftlicher, wir wollen uns gar nicht integrieren. Als Bubis eines Tages auftrat und bei dieser Generation für den Aufbau eines jüdischen Lebens in Deutschland warb, wurde ihm von den meisten Leuten, die ihn aus Frankfurt der sechziger Jahre kannten, mit einem müden Lächeln erwidert: Was macht denn der Jude? Was soll das

Gerede? Daß eines Tages Friedmann in die CDU eintritt und damit als Jude deutsche Politik macht, wurde von den meisten Leuten meiner Generation und den Älteren sowieso mit Entsetzen und Erstaunen betrachtet. Selbst der Eintritt von Micha Brumlik in die Grünen war für mich wunderlich. Wenn schon Russen, die nach Israel kommen, sagen, wir kommen aus Leningrad und nicht aus Zionismus, kommen sie doch nicht nach Deutschland, weil sie deutsche Bürger mosaischen Glaubens sein wollen. Sie kommen aus ökonomischen Gründen. Sie wollen hier das gute Leben finden.

Daß es heute noch deutsche Bürger mosaischen Glaubens geben kann, wie es assimilierte Juden im 19. Jahrhundert gegeben hat, halte ich (zur Zeit jedenfalls) für ausgeschlossen. Eine ganz andere Sache ist die von euch behauptete Kontinuität. Natürlich gibt es Kontinuitäten, aber es ist sehr wohl ein Unterschied zwischen dem performativen Akt, den Haß auszusprechen, und der Bereitschaft, den Haß in der Vernichtung von Juden auszutoben. Es ist ein grundlegender Unterschied, ob jemand »Saujude« sagt oder ob jemand dem »Saujuden« verbietet, Arzt zu sein, oder ob er ihn deportiert, um ihn zu liquidieren. Das sind für mich drei Paar Schuhe. Sogar die Ausbürgerung der Juden aus Berlin und aus dem Reich war noch lange nicht Auschwitz. So wie Treitschkes Antisemitismus noch nicht die antisemitische Verfolgung von ab 1933 war. Diesen Unterschied möchte ich machen, wie ich den Unterschied aufrecht erhalten will, daß die Israelis in den besetzten Gebieten kein Auschwitz veranstaltet haben, auch nicht tendenziell. Wir haben dort eine barbarische Repression, aber kein Auschwitz.

Treitschke vor Auschwitz und Treitschke nach Auschwitz sind auch zwei paar Schuhe.

Es gibt den historischen Treitschke und es gibt die Fortwirkung von Treitschke. Der historische Treitschke redet noch aus einer Position, die Auschwitz nicht kennt. Es ist ein schwieriges Unterfangen, Kausalbeziehungen zwischen späteren Ereignissen und sogenannten Vorreitern herzustellen.

Es ist nicht mal leicht zu beweisen, daß »Mein Kampf« zwingend nach Auschwitz führt.

Mich beunruhigt sehr, was ihr über Kontinuitäten gesagt habt. Es ist eine Sache, zu sagen: Weil sich hier noch etwas erhalten hat, hier mal gefurzt wird und hier mal gerülpst wird, und weil es mal der Bundespräsident ist, der rülpst, und mal der Bundeskanzler, der furzt, ist ideologiekritisch diese oder jene Kontinuität zu erkennen. Oder ob man sagt, daß in der Grundverfaßtheit dieser Gesellschaft, trotz all dem, was passiert ist, immer noch das Pogrom angelegt ist. Wenn heute die israelische Regierung die Palästinenser vertreiben wollte, würden in Tel Aviv und Jerusalem und Haifa Massen aufstehen, um zu sagen: so nicht, nicht mit uns. Und ihr meint, das würde die deutsche Bevölkerung mit den Juden geschehen lassen?

Das antisemitische Ressentiment ist heute so verbreitet wie im Kaiserreich, obwohl es in Deutschland heute so gut wie keine Juden mehr gibt. Die Nazis haben Deutschland von den Juden befreit, der Antisemitismus ist geblieben, trotz Auschwitz, trotz 68, trotz dem ganzen Kunstgewerbe, das sich »Bewältigung der Vergangenheit« nennt.

Dann wäre es eure Pflicht als Publizisten, euren Lesern zu sagen: Kinder, packt euer Zeug und haut ja ab hier. In Israel, wenn es zu einem Frieden mit den Palästinensern käme, gäbe es von den Rändern her natürlich weiterhin Übergriffe. Aber das könnte nicht der Zivilgesellschaft als ganzer angelastet werden. Das kann man verändern, dagegen kann man angehen, das wäre nicht die Grundverfaßtheit der Gesellschaft, so wie ihr die deutsche schildert, die sich zwischen Treitschke und heute und dem Holocaust in der Mitte nicht verändert habe.

Wir wollen uns nicht in einen Alarmismus hineinreden, aber die Wiedervereinigung, die Wiedererlangung der nationalen Souveränität hat Dinge in dieser Gesellschaft belebt, die nicht nur wohlwollende Betrachter überwunden geglaubt hatten. In den achtziger Jahren hätte jeder Freund einer Zivilgesell-

schaft gesagt, mit ihrem im Grundgesetz verbrieften Asylrecht haben die Deutschen eine ernstgemeinte Lehre aus ihrer NS-Vergangenheit gezogen. Der Stammtisch war natürlich auch damals wie immer dafür, das Asylrecht abzuschaffen, aber das bürgerliche Milieu, vom Leser der »Süddeutschen« bis sogar zum Redakteur der »FAZ«, war geradezu ein bißchen stolz auf diese Lehre.

Und dann kommt die Wiedervereinigung, dann kommt Rostock-Lichtenhagen. Das war ja kein Anschlag, einen Anschlag können drei Nazis machen. Rostock-Lichtenhagen hatte einen staatlichen und gesellschaftlichen Propagandavorlauf: Die »Asylantenflut«, die »Scheinasylanten«, die »Ausländerkriminalität«. Und dann laufen Menschen um ihr Leben, drei Tage lang, und die Leitartikler erklären, daß das gar nicht schön sei, aber die Leute schon plausible Gründe hätten. Polizei, viel Polizei, Sondereinheiten, sind damit beschäftigt, Rostock abzuriegeln, damit keine linken Demonstranten durchkommen.

Und das Resultat? Die Zivilgesellschaft kommt zu einem doppelten Beschluß: Der eine lautet, daß man mit Lichterketten den Amerikanern via Fernsehen zeigen müsse, daß Deutschland gut geblieben sei. Der andere ist die Abschaffung des Asylrechts. Und zum Schluß sagt einer ihrer gefeiertsten Dichter unterm Beifall einer Festversammlung in der Paulskirche: Wer darüber berichte, daß in Lichtenhagen vor den brennenden Ausländerwohnungen für die einheimischen Gaffer ein Würstchenstand aufgemacht habe – was tatsächlich passiert ist –, der wolle uns, den Deutschen, nur wehtun.

Das ist die Grundstimmung heute. An Leib und Leben gefährdet waren und sind seit zehn Jahren der an seiner dunklen Haut erkennbare Ausländer, der Asylant und der Sozialschmarotzer. Für die ist es am gefährlichsten, nachts spazieren zu gehen und U-Bahn zu fahren. Aber wenn von oben das geringste Signal gegeben würde, wäre diese Stimmung auch gegen Juden scharf zu machen.

Ich werde das nicht kommentieren. Mir fällt nur auf, daß wir in eine sehr interessante Rollenaufteilung geraten sind: Ihr wehrt meine vehemente Israelkritik ab, ich wehre eure vehemente Deutschlandkritik ab. Ihr sagt, ihr wollt euch nicht in einen Alarmismus hineinreden, aber ich bin bereits alarmiert. Wenn ich ernst nehme, was ihr sagt, dann haben unsere Politiker recht, die den in Deutschland lebenden Juden sagen: Packt eure Sachen und haut hier ab. Und ihr müßt dann um so alarmierter sein über die Lage der Araber in Israel. Ich rede nicht von den Palästinensern in den besetzten Gebieten, ich rede von den Arabern in Israel. Denn nicht nur, daß die vom Staat nicht beschützt werden, sie werden vom Staat seit fünfzig Jahren ausgegrenzt, diskriminiert, ausgeschlossen und – zuletzt wieder im Oktober 2000 – vom Staat erschossen. Und wenn die jetzt noch wagen sollten, sich für ihre Brüder, die anderen Palästinenser unter dem Stiefel der israelischen Okkupation, einzusetzen, dann haben sie auch gesellschaftlich einiges zu erwarten.

Ein Standardspruch auf Israels Fußballplätzen heißt: »Tod den Arabern.« Und so kann man vielleicht auch verstehen, daß es Israelis gibt, die den Arabern wie Ungeheuer vorkommen. Man müßte unter solchen Voraussetzungen wirklich auf's höchste alarmiert sein. Denn etwas Unabänderliches liegt in solchen Erscheinungen und Strukturen. Ich bin aber nicht alarmiert. Ich halte alles, was historisch gewachsen ist, für historisch überwindbar. Ich bin nicht der Meinung, daß alle Israelis geborene Antiaraber und Rassisten seien. Und ich meine, daß Grundstrukturen, die sich gesellschaftlich in Deutschland erhalten haben, sich nicht in alle Ewigkeit perpetuieren müssen, sondern sich wandeln können. Ich war der Meinung, daß mit den Achtundsechzigern und der Neuen Linken sich schon eine wesentliche Wandlung vollzogen habe. Vielleicht irre ich. Vielleicht hat aber auch, was in Rostock, in Hoyerswerda und anderswo im Osten passiert ist, mit der Art und Weise zu tun, wie wiedervereinigt worden ist, wie vereinnahmt, wie deklassiert worden ist, wie Lebenswelten untergegangen, Individualbiographien delegitimiert worden sind.

Wir können in Israel Erklärungen finden, wir können auch in Deutschland Erklärungen finden. In Israel gelte ich einerseits als der großer Schwarzmaler, andererseits aber auch als unverbesserlicher Optimist, der meint, daß alles, was gesellschaftlich konstruiert ist, gesellschaftlich auch dekonstruiert und neu konstruiert werden kann. Wenn ich daran nicht mehr glauben könnte, wenn Gebilde grundsätzlich nicht veränderbar wären, wenn wir also emanzipativ, aufklärerisch, potentiell auch revolutionär nichts bewirken können, dann ist alle Arbeit und sind auch diese Gespräche hier zwecklos, es bliebe nichts als der moralisierend erhobene Zeigefinger.

Ich glaube, daß Bedingungen zum Tanzen gebracht werden können. Das kann man diskurslogisch bewirken, oft auch aktionistisch. In Israel heißt es, wie gesagt, oft: »Die ganze Welt ist gegen uns«, und »In alle Ewigkeit werden wir das Schwert zücken müssen«. Das heißt politisch konkret: Es gibt keine Lösung für den Nahost-Konflikt, wir müssen also unsere Kinder zu Paranoikern erziehen, ihnen eintrichtern, sie seien in eine Welt gekommen, die sie permanent verfolgt. Das ist keine gute Lebensperspektive. Es gibt denn in der Tat heute schon Jugendliche, die sagen: Wozu soll ich mein Leben verplempern mit den Scheißkriegen und den Scheißrepressionen. Und es ist ganz gewiß keine gute Perspektive, wenn man bedenkt, daß wir nach dem Zusammenbruch des Oslo-Prozesses unbedingt einen Neuansatz wagen müssen, wenn überhaupt jemand in dieser Region überleben will.

Ich befürchte, und hier werde ich jetzt alarmierend, daß wir, wenn wir nicht bald einen Friedenszustand erreichen, in einen Kriegszustand eintreten, den Israel längerfristig nicht wird überleben können. Es droht erstens die Nuklearisierung des gesamten Nahen Ostens, nicht nur der staatlichen Militärapparate, sondern auch des Terrors. Und es wird zweitens eine demographische Entwicklung geben, die früher oder später Juden im eigenen Staat zur Minderheit werden läßt. Das dürfte heute schon klar sein.

Unterhalb der bekannten Geschichte Europas läuft, sagt Adorno, eine unterirdische Geschichte der Entsagung, der Selbstdisziplinierung des bürgerlichen Subjekts. Das ist der Grund, warum Rassismus ein-

mal scharf gemacht und dann wieder unterdrückt, in
gewisser Weise außer Kraft gesetzt, aber nicht besei-
tigt werden kann. Solange die Menschen sich das
antun, dem industriellen Arbeitsrhythmus zu gehor-
chen, beim Weckerklingeln tatsächlich aufzustehen
und sich dies »Arbeitsethos« auch noch als Tugend
gutzuschreiben, müssen sie das wahnhafte Bild des
faulen, tanzenden, seine Sexualität auslebenden
Schwarzen hassen. Der Mensch, der morgens zur
Deutschen Werft fährt, brav Steuern und Stromrech-
nung zahlt, will den Hafensträßlern, die sich noch in
ihren Betten wälzen, die keine Steuern zahlen und
den Strom kostenlos abzapfen, also all das tun, was
er nie wagen würde, eine Bombe reinwerfen. Solche
Projektionen – »Lustig ist das Zigeunerleben,
brauchst dem Kaiser kein Zins zu geben« – beleuch-
ten das strukturelle Problem.
Natürlich würden wir nicht schreiben, diskutieren,
demonstrieren, wenn das alles gar keinen Zweck
hätte. Aber die Macht des Appells – etwa zur Tole-
ranz – ist begrenzt. Im Stande der Unfreiheit ist
Rassismus zu mildern, zu unterdrücken, aber nicht
zu beseitigen. Man bemüht sich, das Leben an dem
Ort und in der Zeit, wo man lebt, um einige Grade
schöner zu machen. Auch durch dieses Buch.

Adorno und Horkheimer wollten eine fehlgegange-
ne Aufklärung retten. Das Projekt ist, mit Adorno
gesprochen, noch nicht beendet, es kann noch gerettet werden, es muß gerettet werden, auch wenn es
im Stande der Unfreiheit im Moment noch so sehr
stagniert, daß der Ausblick auf die Möglichkeit, daraus auszubrechen, verblendet ist. Aber die Möglichkeit einer Durchbrechung des Verblendungszusam-
menhangs und also auch des Aufbrechens der Strukturen muß als regulative Idee gewahrt werden.
Es gibt einen Fortschritt in der Menschheitsgeschichte, den man nicht wegdiskutieren kann: die
Entwicklung der Produktionsmittel. Sie ermöglicht
mehr Wohlstand und von den Zwängen der Arbeit
befreite Zeit. Und damit potentiell gesellschaftliche
Verhältnisse, in denen das Individuum in der Diffe-
renz keine Angst mehr zu haben braucht. Ich glaube
nämlich an den Eros, ich glaube daran, daß Men-

schen zunächst und vor allem überleben wollen, ob Juden, Deutsche, Südafrikaner oder Palästinenser. Daraus resultiert für mich beides: die vehemente Kritik am Bestehenden, die mit aller Wucht gerade deshalb angegangen werden muß, weil die Verblendungszusammenhänge es dazu bringen, daß die Leute sagen »Ist doch gar nicht so schlimm«; zugleich aber auch die regulative Idee, daß diese Kritik am Bestehenden sich nicht nur als sisyphusartig – im Sinne von Camus – versteht, sondern im Gegenteil als eine – im Sinne von Benjamin – messianisch durchwehte.

Das macht für mich eure Meinung, es sei in Deutschland nicht gelungen, die antisemitischen Kontinuitäten zu brechen, so beunruhigend. In bezug auf Israel, das bei aller Vehemenz meiner Kritik das Land ist, in dem ich lebe und vermutlich auch sterben werde, sage ich, daß nichts gottgegeben, nichts historisch endgültig determiniert ist, auch nicht daß Juden und Araber, Israelis und Palästinenser sich gegenseitig vernichten müssen, sondern ganz im Gegenteil eine menschenwürdige Koexistenz möglich ist. Sie scheint im Augenblick gescheitert, aber wer sich im Sumpf nicht bewegt, der geht unter. Das bedeutet für mich, daß man sich der besetzten Gebiete entledigen muß, um erstens die innerisraelischen Probleme angehen zu können und zweitens einen Zustand der Koexistenz zu erreichen, der – vielleicht ja, vielleicht nein, ich meine: ja – eine Befriedung der Region herbeizuführen vermag. Um das zu erreichen, muß man sich fragen: Wovor steht der Zionist? Er steht vor der Wahl: Entweder werden die Juden zur Minderheit im eigenen Land, und das hat weitreichende Konsequenzen, auch für das zionistische Selbstverständnis. Oder er will das nicht und zahlt dafür einen »Preis«. Diesen »Preis« muß man aber benennen. Wenn er nicht rechtzeitig benannt und bezahlt wird, habe ich als jemand, der dort lebt und eine berechtigte Angst um das eigene Überleben und das seiner Familie hat, den nächsten jüdischen Holocaust vor Augen.

Selbstverständlich hat sich die deutsche Gesellschaft seit dem Kaiserreich in manchem geändert. Aber das, was schließlich zu Auschwitz geführt hat, ist latent nie verschwunden. Und die Wiedervereinigung mit ihrem nationalistischen Schub hat dieses Latente wieder virulenter gemacht.

Virulenter als in anderen europäischen Staaten?

Vor 1933 waren die meisten in Europa lebenden Juden der Meinung, daß man in Deutschland am wenigsten unter Antisemitismus zu leiden habe und am meisten in Frankreich. Ein Freund, der in Wien lebt, Deutscher ist, aber iranisch aussieht, seine Eltern sind vor dem Schah-Regime geflohen, sagte zur Zeit des Aufstiegs von Haider, es gehe so offen rassistisch und antisemitisch in der österreichischen Presse zu, wie es sich deutsche Medien nicht trauten. Aber nach 23 Uhr U-Bahn zu fahren, sei für ihn in Wien viel weniger gefährlich als in Berlin. Die Anzahl der Stimmen, die rassistische oder antisemitische Parteien da und dort haben, sagt nicht alles. In anderen Ländern sind die dezidiert rassistisch-rechtsradikalen Parteien stärker als in Deutschland. Und in Deutschland sterben mehr Menschen am Alltagsrassismus. Die linke PDS-Abgeordnete Ulla Jelpke hat ihre Möglichkeiten im Bundestag dazu genutzt, die getöteten Opfer rassistischer Gewalt und die getöteten Bettler und Obdachlosen zu zählen. Und immer waren es mehr als in den Ländern, wo die jeweilige rechtsextreme Partei schon 15 Prozent hatte. Was man fürchten muß, ist die deutsche Konsequenz. Wenn mal was abgeht, ist Deutschland schnell Avantgarde.

Hysterie und reale Angst

Wir waren bis zum Umbruch in der israelischen Geschichte 1982 gekommen.

Es beginnt sich damals etwas zu rühren, das dann in den neunziger Jahren ausbrechen wird: die Reflexion über den Zustand der Araber als Minorität in Israel. Viele der israelischen Araber wenden sich von der kommunistischen Partei als dem Sammelbecken

der arabischen Wähler ab und anderen Parteibil-
dungen, mitunter islamistischen Parteien zu, wobei
islamistisch bei den israelischen Arabern nicht Djihad und Hamas heißt. Ende 1987, Anfang 1988 beginnt die erste Intifada, der erste Volksaufstand der
Palästinenser, damals noch als Steinewerfer-Intifa-
da, ohne Schußwaffen. Mit dieser ersten Intifada
haben auch sehr viele Israelis sympathisiert. Teile
der Friedensbewegung, von Peace Now, Linke,
Linkszionisten und andere solidarisierten sich mit
den Palästinensern oder thematisierten zumindest
das Problem der Unterdrückung in einem öffentli-
chem Diskurs.

Auf palästinensischer Seite war diese Intifada ein
Befreiungsschlag, der sowohl positive wie negative
Wirkungen hatte. Positive hatte er etwa für den
Stand der Frauen, die an der Front waren und mit
den Kindern politisiert wurden. Die negativen Wirkungen erwiesen sich darin, daß eine ganze Menge
Traditionelles, zum Beispiel herkömmliche Fami-
lienstrukturen, vernichtet wurde, wofür sich kein
Ersatz herausbildete. Hegemonialstrukturen gerie-
ten ins Wanken, aber es wurde keine anhaltende
Alternative entwickelt. Als die Intifada zusammengebrochen war, entstand ein Vakuum, das gesellschaftlich bis heute nicht gefüllt ist. Ich berufe
mich bei dieser Aussage auf Untersuchungen meiner palästinensischen Freunde, die das beschreiben
und nicht gewillt sind, die Probleme der palästinensischen Gesellschaft nur hinter der Fassade des
Kampfs gegen Israel zu verbergen. Es wäre mir
natürlich lieber, wenn hier, zu diesem Punkt, ein
Palästinenser säße, der für die Palästinenser
spräche, vorzüglich einer mit einem kritischen Ansatz, der sich nicht darauf beschränken würde, die
palästinensische Propaganda larmoyant zu wiederholen.

Der könnte nicht für »die Palästinenser« sprechen.

So wie ich nicht für »die Israelis« sprechen kann. Ich
hoffe, daß das klar geworden ist.

Hinreichend.

Denn die meisten Israelis dürften bei dem, was ich hier sage und ausführe, einen Nervenzusammenbruch bekommen.

In die beschriebene Situation platzt 1991 der zweite Golfkrieg. Zum ersten Mal war Israel in einen Krieg involviert, in dem nicht israelische Soldaten sondern andere für Israel kämpften. Saddam Hussein sollte liquidiert werden, ohne daß Israel ein Flugzeug aufsteigen lassen mußte. Andererseits war Israel sehr wohl involviert, dadurch nämlich, daß Saddam Hussein Israel beschoß. Sechs Wochen lang herrschte in Israel totale Hysterie. Die Zivilbevölkerung machte eine ganz neue Erfahrung. Man kannte Terroranschläge, man kannte militärische Gewalt, aber man kannte nicht den massiven Druck eines großen Zerstörungspotentials gegen die Zivilbevölkerung. Daß am Ende nur viele Bauwerke kaputtgingen und relativ wenig Menschen umkamen, lag daran, daß die Skud-Raketen nicht gut funktionierten und statt in Tel Aviv zumeist im armen benachbarten Ramat Gan landeten. Dennoch hat diese Erfahrung die Bevölkerung traumatisiert. Man wußte zwar, daß der Irak keine Nuklearwaffen hatte, aber man wußte nicht, ob und welche biologischen und chemischen Waffen er besaß, und diese Ungewißheit, die offenbar auch beim Militär und in der Regierung vorherrschte, produzierte ein Gefühl großer Ohnmacht.

In allen vorherigen Kriegen hatte sich zwar Schreckliches an der Front abgespielt, aber wenn man nach Tel Aviv kam, saßen da die Leute in den Cafés und führten ihr ziviles Leben. Diesmal war es umgekehrt: Es gab keine Front, die Front war sozusagen im Hinterland, und das bedeutete, daß man tagsüber kaum wagte, das Haus zu verlassen, und nachts die Fensterläden zumachte, als böten die irgendeinen Schutz. Und dann begann die große Angst, daß in der Dunkelheit die Sirene losgeht, daß Bomben fallen, von denen man nicht wußte, waren es nun chemische, biologische oder nur »konventionelle«. Die Leute saßen in ihren Wohnungen, man redete zwar privat am Telefon, aber es gab keine Podiumsdiskussionen, keine Parlamentsdebatten, keine Treffen auf der Straße oder Demonstrationen – das einzige Öffentliche waren die Medien. Ich habe mich in meinem auf Hebräisch erschienenen Buch »Holocaust im abgedichteten Raum« mit dem beschäftigt, was in jenen sechs Wochen in den Printmedien stand. Es war ungeheuerlich. Sechs Wochen lang eine Auschwitz-Rhetorik, die sich aus der Konstellation »Deutsches Gas bedroht Juden« ergab. Juden, die Gasmasken anlegten und Wohnräume abdichteten, abgedichtete Wohnräume, die sich für sie wie »Gaskammern« ausnahmen – all das ließ den Holocaust »aufleben«.

Die Hysterie speiste sich aus einer realen Angst; ich nehme mich, meine Frau und meine Freunde dabei nicht aus. Keiner von uns war ein großer Held. Für viele israelische Männer, große Machos vor dem Herrn, war das überhaupt ein sehr schlimmer Krieg. Sie wurden bedroht, durften nicht kämpfen, waren sozusagen impotent. Abgesehen von einigen Idioten, die sich eine Gaudi daraus gemacht haben, auf die Dächer zu klettern und dem Feind zuzurufen: Komm her, wo bleibst du?, war die israelische Gesellschaft über Wochen in Angst, vor allem in der Küstenebene und im Norden des Landes, natürlich nicht im Negev, vor allem aber nicht in Jerusalem, weil von vornherein klar war, daß die Irakis niemals die Heilige Stadt beschießen würden.

In dieser Zeit strotzte die Presse – von den Leitartikeln über die Nachrichten, die Meinungsseiten bis hin zu den Leserbriefen und den Anzeigen – von einer Rhetorik, die den Holocaust ständig instrumentalisierte. Das hatte einerseits einen Halt in der Realität, andererseits verstand es die israelische Regierung sehr bald, daraus Kapital zu schlagen. Die deutsche Regierung, die jetzt große Schuld empfand, beeilte sich, ihren Außenminister nach Israel zu schicken, bessere Handelsbeziehungen anzubieten und den Bau dreier U-Boote, der vorher verweigert worden war, zu genehmigen. Aber nicht nur der Staat hat aus dieser Situation etwas herausgeschlagen. Wenn Yoram Kaniuk in dem Bericht, den er von seinem Treffen mit Grass gibt, erzählt, daß Holocaust-Überlebende »Broit, Broit!« – also »Brot, Brot!« – gerufen hätten, mithin ein Synonym der

Holocaust-Erfahrung indizierte, ist das auch eine Vereinnahmung. Man hätte die Überlebenden besser in die Arme genommen und beruhigt, daß ihre Angst vor einem Holocaust in dieser Situation unbegründet war; andere hätte man fragen können: »Seid ihr blöd geworden? Ihr könnt doch eure Siebensachen packen und euch nach Jerusalem in Sicherheit bringen – war das etwa in Auschwitz auch möglich?« Aber Kaniuk hat ihre Ängste lieber als Beweislast gegen Grass mißbraucht.

Nicht nur die Holocaust-Überlebenden übrigens, sondern viele, viele Israelis haben ihre Angst dadurch sublimiert oder kompensiert, daß sie sich in eine Rhetorik hineinsteigerten, in der sich die jahrzehntelange Indoktrination des Holocaust-Codes manifestierte. Die Situation, ich sage es noch einmal, war tatsächlich beängstigend, traumatisierend. Meine Gedärme haben rebelliert, meine Frau hat wieder angefangen zu rauchen, zwei Scud-Raketen sind in unmittelbarer Umgebung unseres Wohnviertels gelandet, die erste hat das Elektrizitätssystem außer Kraft gesetzt, und in der Dunkelheit ohne Radio in diesem abgedichteten Zimmer zu sitzen, war kein allzu großes Vergnügen. Was aber sollte das mit der Shoah zu tun gehabt haben? Wie konnte man überhaupt auf die Idee kommen, den Vergleich anzustellen? Und doch wurde daraus nicht nur Kapital geschlagen, sondern es wurde ein den Holocaust in Israels politischer Kultur von Anbeginn instrumentalisierender, ideologisierender und fetischisierender Code zum Leben erweckt.

Die große Angst, die es wirklich gegeben hat, wurde staatspolitisch verwertet. Das objektive Interesse, das Israel an diesem Golfkrieg hatte, wurde von der Bevölkerung nicht mehr wahrgenommen. Die Journalisten haben dabei ihren Aufklärungsauftrag fast total verraten. Auch sie spielten im massenmedialen Angstfestival mit, fragten mitunter: Warum hat man nicht reagiert? Warum hat man die Bevölkerung einem Gefühl der Ohnmacht ausgesetzt? Dabei wußten sie sehr wohl, was die Antwort war: Kein einziger israelischer Soldat ist umgekommen, als die halbe Welt sich mit Israel solidarisierte und bemühte, Saddam Hussein außer Gefecht zu setzen, und das, was Begin im Jahre 1981 mit der Zerstörung der irakischen Atomfabriken begonnen hatte, zu Ende zu führen: die atomare, chemische und biologische Entwaffnung Saddam Husseins. Insgesamt hat es in diesem Krieg zehn tote israelische Zivilisten gegeben, keiner davon ist durch Bomben oder unter Trümmern ums Leben gekommen, sie starben am Herzanfall oder erstickten, weil sie mit der Gasmaske nicht umzugehen vermochten. Ansonsten war das der »billigste« Krieg, den Israel je gehabt hat.

Das war nicht vorauszusehen. Der Irak war aufgerüstet worden – wie die Taliban oder die Mudschaheddin. Saddam hatte in Halabscha 8.000 Kurden vergast, das Gas war deutsches Gas.

Der israelische Zivildienst hat die Bergung beziehungsweise Rettung von 8.000 bis 10.000 potentiellen verseuchten beziehungsweise toten Zivilisten eingeübt. Es waren Särge bereitgestellt. Die Deutschen, die das Gas geliefert hatten, haben dann ja auch das militärische Gerät nach Israel geschickt, mit dem man Gas aufspüren kann: den Fuchs-Panzer.
Dennoch war für mich als Sohn von Auschwitz-Überlebenden, bei all der großen Angst, die ich gehabt habe, die Holocaust-Rhetorik von Anfang an unbegreiflich. Nichts daran war stimmig. Esra, ein Penthousebesitzer auf unserem Gebäude, Sanguiniker von Beruf, also einer, der die Lebensfreude gepachtet hat, den treffe ich am zweiten Tag nach der ersten Landung der Scud-Raketen aschgrau und fahl im Treppenhaus. Ich frage: Was ist passiert? Sein Sohn habe vor lauter Angst in die Gasmaske reingekotzt. Ich sage: Du Trottel, was machst du denn hier den Helden? Nimm deine Frau und deine Kinder und hau gefälligst ab. Du mußt hier gar nicht sein. Allein die Möglichkeit, die er hatte, mit seiner Frau und seinen Kindern abzuhauen, hat jeden Vergleich mit dem Holocaust verboten. Kaniuk hat sich da übrigens später belehren lassen.

Wenn man daran denkt, wovor hierzulande Leute Angst haben und verlangen, mit ihrer Angst ernst

genommen zu werden: zum Beispiel mit ihrer Angst
vor drei dunkelhäutigen Dealern auf einer Strecke
von 300 Metern zwischen dem Bahnhof Sternschan-
ze und dem Schulterblatt. Die deutsche Friedensbe-
wegung drehte damals völlig durch, tat so, als er-
reichten die Brandwolken aus Kuwait übermorgen
Neumünster. Sie stilisierte sich in sogenannten Die-
ins selbst zum eigentlichen Opfer. Woanders krepier-
ten die Leute, aber die spielten toter Mann auf dem
Hamburger Rathausmarkt. Und zur gleichen Zeit
haben ihre Freunde, die Palästinenser gejubelt, wenn
eine Scud-Rakete über Israel niederkam.

Schadenfreude, wenn den Juden etwas widerfährt,
gibt es bei den Palästinensern – natürlich nicht bei
allen – immer, Jubel, Schreikrämpfe, Gewehrsalven
in die Luft. Die Palästinenser werden nie eine Gelegenheit auslassen, politischen Mist zu bauen, wenn
sie sich ergibt. Daß die Palästinenser auf den
Dächern getanzt haben, als in Tel Aviv Scud-Raketen landeten, war eine Reaktion auf ihr eigenes Un-
vermögen, Israel etwas Ernstliches anzutun. Dabei
mögen auch Phantasien im Spiel gewesen sein, Juden
en masse abzuschlachten. Aber selbst Rabin hat einmal gesagt, ganz Gaza solle im Meer ertrinken, und
wenn wieder einmal israelische Soldaten im Gaza-
Streifen oder in der West Bank angegriffen wurden,
hieß es bei manchem Israeli: Knallt sie doch alle nie-
der! Diese Mordphantasien gibt es auf beiden Seiten.
Die bei Palästinensern beliebten Karikaturen sind allerdings nicht nur antisemitisch, sondern wider-
spiegeln den tatsächlichen Wunsch, daß palästinensische Rächer mit dem Schlächter, dem Juden, kurzen
Prozeß machen. Die Palästinenser sind damit nicht
allein. Nur, während bei den Palästinensern solche
Karikaturen aus ihrer realen Lage erklärbar sind – es
handelt sich bei allem um ihren nationalen Befreiungskampf –, ist nicht ersichtlich, warum man sie in
Pakistan, in Syrien und im Irak findet. Wenn die
Fundamentalisten, Djihad und Hamas, die Möglichkeit hätten, die Juden auszurotten, würden sie das
liebend gern tun. Die Verfärbung des Mittelmeers
mit jüdischem Blut ist durchaus eine Phantasie dieser Leute. Es ist keine Phantasie der Palästinenser

insgesamt. Ich glaube nicht, daß einer wie ich mit
dem Hamas oder dem Djihad reden kann. Die würden mit mir auch nicht reden wollen, und ich zweif-
le, ob sie je Gesprächspartner für mich werden
könnten.
Andererseits gibt es viele Palästinenser, die heute
ganz und gar nicht davon ausgehen, daß Israel verschwinden soll. Sie wissen, daß sie Israel brauchen
– als Arbeitsmarkt, als technologisierte Wirt-
schaftsmacht, als infrastrukturell gefestigte Zivilgesellschaft, sogar als indirekte militärische Komponente, weil manche gar nicht glücklich sind bei
dem Gedanken an die Militarisierung eines souveränen palästinensischen Staats, von dem sie fürchten, daß dessen Gewalt sich dann nach innen rich-
ten wird.

Oslo – »Als hätte sich der Himmel aufgetan«

*Du lehnst es ab, mit Hamas- oder Djihad-Leuten zu
reden. In Deutschland nehmen viele Linke an Demonstrationen teil, auf denen Fahnen der Hisbollah,
des Djihad und der Hamas wehen. Nicht daß der
Wolfgang Gehrcke von der PDS das Mittelmeer mit
Judenblut färben will – aber er findet in zwanzig
Minuten Redezeit kein distanzierendes Wort zu Djihad, Hisbollah und Hamas, die mit ihren Heiligen,
ihren Märtyrern, ihren Fahnen und ihren Stirnbän-
der vor ihm stehen. Und das, obwohl der System-
konflikt, der ein solches Bündnis einst plausibel er-
scheinen ließ, schon mehr als ein Jahrzehnt vorbei ist
und sein Ende auch den Nahostkonflikt neu geprägt
hat.*

Schon der Golfkrieg, konnte ja nur so geführt werden, weil jetzt eine einzige Macht ein Monopol auf
die Weltherrschaft im Sinne des alles bestimmenden
Weltpolizisten beanspruchen durfte. Die USA haben damals den Israelis gesagt: Wir können uns
nicht alle paar Jahre einen solchen Krieg leisten, ihr
müßt jetzt also Ruhe geben. Sie zwangen Shamir
nach Oslo, obwohl er von vornherein sagte: Ich will
da nicht hin, und wenn ich doch muß, halte ich die

Sache zehn Jahre hin, bis alle schwarz werden. Als er abgewählt wurde, kam Rabin, der bis zum heutigen Tag die Wende nicht nur in der israelischen Mythenbildung, sondern auch in der politischen Strategie personifiziert. Er hatte als Falke, als reiner Militärmensch begonnen, war noch in der ersten Intifada mit brachialen Sprüchen aufgetreten, und hat dann schließlich zur Einsicht in die Notwendigkeit gefunden, Frieden zu suchen. Die Rechte nannte ihn Verräter des Zionismus, fünfte Kolonne, warf ihm einen Dolchstoß in den Rücken der Nation vor. Der schlimmste Vorwurf, der vielleicht auch das Attentat auf ihn provoziert hat, war der des »Mosser« – das ist in der halachischen Tradition ein Zuträger, der das Judentum aus eigenem Antrieb, also nicht in bezahltem Auftrag, an die Gojim verrät. Ein Mosser wird nicht nur exkommuniziert, er darf getötet werden. Einige Rabbiner hatten Rabin als Verräter und Mosser apostrophiert, es war also nur noch eine Frage der Zeit, bis er nicht nur delegitimiert, sondern dem Tod ausgeliefert wurde.

Der Oslo-Prozeß schien uns, Israels radikalen Linken, von vornherein auf einen Kapitulationsfrieden der Palästinenser hinauszulaufen. Die alten Fronten waren zusammengebrochen, von Moskau war keine Hilfe mehr zu erwarten, die Palästinenser mußten sich an den Wünschen der USA und in gewissem Maße an denen der Europäer orientieren, und zumindest die Amerikaner standen hinter Israel. Auf der anderen Seite hat der Friedensprozeß mit dem Oslo-Abkommen reale Möglichkeiten eröffnet, Strukturen aufzubrechen und Veränderungen einzuläuten. Das hat aus mir und dem größten Teil der israelischen Linken, auch der zionistischen Linken, trotz unserer großen Skepsis Anhänger des Oslo-Prozesses gemacht. Es gab große Hoffnungen, ja in den Anfangsphasen eine Euphorie, bei uns, bei Peace Now, und auch beim palästinensischen Establishment. Es war, als hätte sich der Himmel aufgetan.

Was heißt Kapitulationsfrieden der Palästinenser? Davon redet auch Edward W. Said, der Oslo in eine schreckliche Analogie zu Versailles bringt.

Ich habe sein Buch nicht gelesen. Im Oslo-Prozeß war, als Rabin Shamir abgelöst hatte, die historisch reale Möglichkeit – und ich rede hier nur von der prinzipiellen Möglichkeit – angelegt, diesen unseligen Konflikt endgültig beizulegen. Das haben auch die Gegner von Oslo, die Siedler auf dem Golan und in der West Bank, so gesehen, und deshalb haben sie mit solcher Vehemenz dagegen reagiert. Es sollten fast alle Gebiete zurückgegeben werden, 98 Prozent, und für die restlichen zwei Prozent, auf denen Siedlungen stehen, die nur schwer zu räumen wären, sollte als Ersatz etwas vom Kernland Israel abgetreten werden. Die Jerusalem-Frage sollte im Rahmen einer Zwei-Staaten-Lösung geregelt werden. Gerade diese Lösung könnte die Stadt wirklich vereinen. Denn heute ist Jerusalem eine geteilte Stadt; ich gehe, aus Angst, schon seit Jahren nicht mehr in den Ostteil. Und ähnlich wie die Jerusalem-Frage sollte das Rückkehrrecht der Palästinenser geregelt werden. Die israelische Position war immer klar: Volles Rückkehrrecht hieße, aus Israel einen binationalen Staat zu machen – das kommt für Zionisten nicht in Frage und würde auch von vielen nichtzionistischen Linken nicht akzeptiert. Akzeptiert werden könnte theoretisch – auch von einigen Palästinensern – eine symbolische Anerkennung des von Israel begangenen historischen Unrechts, Verhandlungen über Reparationen für zerstörte Dörfer und konfisziertes Eigentum sowie Familienzusammenführung. Uri Avneri sprach immer von 400.000 Palästinensern, die auf diese Weise nach Israel kommen könnten, ich sprach von 250.000 – ein palästinensischer Kollege antwortete mir kürzlich auf meine diesbezügliche Frage: Was redet ihr denn für einen Stuß, es werden kaum mehr als 100.000 sein.

Was wir damals mit Kapitulation meinten, war, daß wir davon ausgingen, die israelische Seite werde weder ein solch symbolisches Rückkehrrecht gewähren noch die Jerusalem-Frage im skizzierten Sinne lösen wollen. In der Jerusalem-Frage haben wir uns halb getäuscht. Barak war schließlich doch zu einer zumindest halbherzigen Lösung bereit. Aber nicht in der Frage des Rückkehrrechts. Für die Palästinenser hätte der Verzicht auf das Rückkehrrecht den Gründungsmythos der PLO und damit den kollektiven Nationalmythos der Palästinenser zerstört. Hinzu kam, daß erst die Arbeitspartei, dann Netanjahu, darauf Barak und schließlich Sharon die Siedlungsbewegung immer mehr forcierten – die Siedlungsbewegung wurde während des Oslo-Prozesses nicht vermindert, nicht gestoppt, sondern ganz im Gegenteil: die Zahl der Siedlungen wurde verdoppelt. Obwohl wir also meinten, daß der Oslo-Prozeß vorangetrieben werden müsse, wußten wir auch, daß während der Verhandlungen über die Rückgabe von Land immer mehr Land konfisziert wurde.

Der einzige von den israelischen Ministerpräsidenten der Oslo-Zeit, der fähig gewesen wäre, dennoch eine knappe, sehr knappe Mehrheit für einen Frieden der skizzierten Art zu gewinnen, war Rabin – vor allem mit dem politischen Kapital, das er als einer, der bereits im prästaatlichen Palmach gekämpft hatte, und als »Befreier Jerusalems« von 1967 besaß. Er wurde liquidiert, erstens deshalb, und zweitens – das sage ich nun als spekulative Schlußfolgerung – weil er dabei war, den Kitt, der die konflikträchtige Gesellschaft zusammenhält: das Sicherheitsproblem, zu entsorgen, sozusagen historisch ad acta zu legen. Es gibt Kräfte in der israelischen Gesellschaft, denen es davor graut, was es bedeuten würde, wenn dieser Frieden dereinst »ausbricht«. Nicht in dem Sinne, daß sie keinen Frieden wollen oder daß zu befürchten wäre, daß der Terror nicht sofort aufhören würde, sondern sie haben einfach Angst davor, was in der Gesellschaft los sein würde, wenn der klassische Zionismus, wie er seit der Staatsgründung sich zur offiziellen Ideologie verfestigt hat, seine Funktion als Kitt der Gesellschaft verlöre – einer Gesellschaft, deren Gemeinschaftsgefühl längst aus divergenten sozioökonomischen, ethnischen, religiösen, auch einwanderungspolitischen Gründen zersplittert ist. Ohne Bedrohung von außen hätten wir innerhalb kürzester Zeit schwere, eventuell auch gewalttätige innere Kämpfe durchzustehen. Aber wir müssen da durch, weil wir erst dann zur Konsolidierung einer Gesellschaft kommen können, die zur Koexistenz mit ihrer Umgebung fähig ist.

Das Attentat auf Rabin, für das du große Teile der israelischen Gesellschaft verantwortlich machst, hat ein Einzeltäter verübt.

Unsinn. Erstens hatte der sogenannte Einzeltäter ein Umfeld, und zweitens hat sich die gesamte rechte Siedlungsbewegung hinter ihn gestellt. Ich würde vermuten, daß die nicht ausgesprochene, aber im Kern »verständnisvolle« Identifikation mit ihm bis in den rechten Rand der Arbeitspartei reicht. Bezeichnend war, daß sechs Wochen nach der Tat keiner mehr über das Attentat redete, sondern nur noch darüber, daß die Linke die Rechte verleumde. Ob übrigens Rabin seine Politik durchgezogen hätte oder nicht, darüber läßt sich nur spekulieren. Viele verzweifelte Linke klammern sich an die Vorstellung, daß es möglich gewesen wäre.

Gab es denn nur in Israel Kräfte, denen die Ermordung Rabins gelegen kam? Wie war das denn in der arabischen Welt?

Arafat soll bei der Nachricht von Rabins Tod geweint haben. Aber dann meldeten sich sehr schnell Djihad und Hamas mit drei wirklich schlimmen Autobusanschlägen zu Wort. Diese fundamentalistischen Kräfte, ursprünglich von Israel gegen die PLO herangezüchtet, haben sich im Laufe der Jahre verselbständigt und legten jedes Mal, wenn eine Lösung des Konflikts auch nur im Ansatz möglich schien, Sprengsätze in den Weg. Djihad wie Hamas wollen immer noch Palästina befreien, ein Ziel, von dem die PLO sich im Jahre 1988 bei der Anerkennung Israels offiziell verabschiedet hat – nicht aus Liebe zu den Menschen, die da leben, sondern weil sie erkannt hatte, daß sie nicht stark genug ist, ihr ursprüngliches Ziel militärisch durchzusetzen. Wenn etwas zu erreichen sei, dann ein eigener Staat, auf dem Boden der okkupierten Gebiete.
Djihad und Hamas haben da nie mitgemacht. Sie haben, ähnlich wie die israelische Schas-Partei, ein soziales Netzwerk gelegt und damit die PLO in der Versorgung der Menschen in den Flüchtlingslagern nahezu abgelöst. Mittlerweile vertreten Djihad und

Hamas 15 bis 20 Prozent der Palästinenser. Ihre Forderung nach ganz Palästina ist zwar nur noch Propaganda zu innenbetrieblichen Zwecken, für den Fortgang des Friedensprozesses war sie jedoch sehr destruktiv. Sie gab schon Barak und dann erst recht Scharon das Argument, die Palästinenser müßten erst mal in ihrer Gesellschaft Ordnung schaffen, bevor man mit ihnen über die finale Lösung des Konflikts verhandeln könne, was ja nichts anderes bedeutete als: Wenn ihr nicht erst euren eigenen Bürgerkrieg macht, brauchen wir mit euch über Frieden gar nicht zu reden. Arafat hätte einen solchen Bürgerkrieg politisch nicht überlebt, wie denn ein israelischer Ministerpräsident es politisch nicht überlebt hätte, mit aller Gewalt gegen die Siedler vorzugehen. Beide stehen unter dem Druck rechtsradikaler Fundamentalisten, beide spielen den rechtsradikalen Fundamentalismus als Argument dafür aus, daß sie sich nicht bewegen, und beide werden irgendwann gegen den rechtsradikalen Fundamentalismus Front machen müssen. Wie für Israel die Räumung der besetzten Gebiete kein leichtes Spiel sein wird, weil die Hardliner sich ihr auch mit Waffengewalt widersetzen werden, so wird ein Friedensschluß mit Israel auch auf palästinensischer Seite nicht ohne noch mehr Gewalt durchgehen. Der palästinensische Staat wird sein Gewaltmonopol gegen diese Leute durchsetzen müssen. Die Palästinenserbehörde kann das heute aber nicht, und es kann ihr deshalb nur schwerlich abgefordert werden, zumal sie den Palästinensern keine Perspektive zu bieten hat. Denn das Angebot von Scharon ist natürlich kein Angebot.

Zur Zeit Rabins, als du dir Hoffnungen auf einen Frieden gemacht hast, ...

Ich hatte eine große Hoffnung, warum soll ich das leugnen, ich habe sie übrigens noch nicht aufgegeben.

... zu dieser Zeit schrieb Edward Said eine Polemik gegen Arafat: der sei jetzt endgültig zu erkennen als Agent Israels und der USA. Der Osloer Friedensprozeß sei nicht nur Kapitulation, sondern der Weg zur

ewigen Unterwerfung der Palästinenser. Für Said gibt es, grob gesprochen, nichts unterhalb eines binationalen Staates Palästina. Im übrigen hat die arabisch-islamische Welt immer alle bestraft, die Schritte zu einem Frieden mit Israel unternommen haben. Ägypten wurde deshalb aus der Arabischen Liga ausgeschlossen.

Es gab aber noch was anderes. Es gab nicht nur die Gegensätze an den Polen, sondern es gab auch ein Mittelfeld, wo Unterhändler beider Seiten begonnen haben, Vertrauen herzustellen, auf politischer, auf kultureller, auf akademischer Ebene. Diese Vertrauensstrukturen und Interaktionsbande sind jetzt großteils für Jahre zerstört worden. Aber es gab sie, und es gab große Hoffnungen, auf beiden Seiten – bei den Israelis, weil sie meinten, jetzt käme vielleicht der Frieden, und bei den Palästinensern, weil sie meinten, es käme Arbeit, Einkommen, ein besseres Leben. Und es gab – man verzeihe mir diesen protestantisch beladenen Ausdruck – menschliche Begegnungen, eine soziale, politische, ökonomische Interaktion, die nicht so einfach übergangen werden sollte. Was geht mich Edward Saids Sicht der Sache an, mich geht meine eigene Sicht der Dinge an: Es war ein mutiger Schritt von Arafat, weil seine Bevölkerung es nicht für selbstverständlich erachtete, daß man einem israelischen Juden die Hand in Friedensabsicht schüttelt. Aber wie es wahr ist, daß sich damals Vertrauen entwickelte, bleibt es wahr, daß Israel gleichzeitig seine Politik der Landnahme zugunsten der Siedler verfolgte, was bei einem Mann wie Said den Verdacht aufkommen lassen konnte, daß der Friedensprozeß nichts anderes sei als die Fortsetzung der Besatzung mit friedlichen Mitteln.
Es stimmt, daß die arabische Welt auf Frieden mit Israel immer mit Strafen reagiert hat. Aber das hat die Ägypter nicht gehindert, Frieden zu schließen. Die Jordanier wollten das schon in den sechziger Jahren, König Hussein war in Tel Aviv, lange bevor andere da waren, aber er konnte nicht der erste sein, dazu war Jordanien zu klein und zu abhängig. Er war dann, wie erwartet, der zweite. Beinahe hätte Barak einen Friedensschluß mit den Syrern hinbe-

kommen, es scheiterte an einem Fitzelchen Land, einem Streifen von zehn Metern Breite unten am See Genezareth. Beinahe hätte man in diesem Zusammenhang die Golanhöhen zurückgegeben. Auch das hätte übrigens einen Riesenaufstand in Israel hervorgerufen. Eine der größten Lobbys in der israelischen politischen Praxis ist die Golan-Lobby. Die Rückgabe des Golans ist keine einfache Sache. Barak hat es einen Moment lang probiert. Hätte es mit Syrien geklappt, hätten wir automatisch auch Frieden mit dem Libanon bekommen ...

Scheiterten solche Verhandlungen wirklich an Bagatellen, oder gab es die Bagatellen, weil die Verhandlungen scheitern sollten?

Sadat machte Golda Meir Anfang der siebziger Jahre, wie wir heute wissen, große Offerten, Golda Meir winkt brüsk ab. Ende der siebziger Jahre machte Begin Frieden mit eben diesem Sadat, der mit seinem Leben dafür bezahlte. An welcher Stelle sage ich nun, es hätte nicht sein sollen? An der Stelle, wo Golda Meir abwinkt, an der Stelle, wo mit dem Krieg 1973 die Katastrophe hereinbricht, oder 1978, wo der Frieden dann doch geschlossen wird? Bei dem syrischen Staatspräsidenten Assad ist es nicht mehr dazu gekommen, weil er schon todkrank war und nicht als einer sterben wollte, der Frieden mit Israel gemacht hat. Eine ganz andere Frage ist, ob er das bei seiner Bevölkerung hätte durchsetzen können. Im Falle von Syrien meine ich, daß in diesem monolithischen Staat alles abgesegnet worden wäre, was der Führer beschlossen und durchgeführt hätte. Im Falle von Ägypten war es nicht so einfach. Nicht von ungefähr ist ein Mann wie Mubarak heute in der arabischen Welt der vehementeste Gegner eines Irakkriegs. Er weiß, was ihm von der Basis der ägyptischen Gesellschaft blüht, wenn ohne seinen Widerspruch Irakis abgeschlachtet oder Palästinenser von der West Bank vertrieben würden. Er hat Angst davor. Er hat es auch offen ausgesprochen.
Eine ganz andere Angelegenheit ist übrigens Jordanien. Jordanien war ja mal der Tod der Palästinen-

ser. Überhaupt kenne ich keinen arabischen Staat, von dem man nicht sagen kann, daß Palästinenser dort gelitten haben. Einige der arabischen Staaten sind den Palästinensern feindlicher gesinnt als Israel. Die Nähe der Palästinenser zu Israel hat aus Gegnern eine Art siamesischer Zwillinge entstehen lassen – man ist gleichsam aneinander gekettet –, wohingegen die Palästinenser überall, wo sie waren, ob in Jordanien, im Libanon, in Kuwait, immer ein – zuweilen bedrohlicher – Fremdkörper blieben.

Es gab einen allgemeinen Widerstand in der arabischen Welt gegen den Friedensprozeß. Die arabische Welt steht, wenn sie nicht den ewigen Feind Israel hat, vor dem Zerfall. Das einzige, was die arabische Liga und den Panarabismus, den es realiter nie gegeben hat und nie geben wird, am Leben hält, ist Israel, ist der israelisch-palästinensische Konflikt. Wenn der beigelegt werden sollte, geht das politische Kapital vieler Führer und Regierender in der arabischen Welt flöten.

Was soll da noch zerfallen, wenn die Toten des irakisch-iranischen Kriegs oder die 300.000 Palästinenser, die nach dem zweiten Golfkrieg aus Kuwait vertrieben, ausgesiedelt, jedenfalls weggeschaft wurden, in der islamischen und der arabischen Welt überhaupt kein Thema sind?

Ich will das eine mit dem anderen nicht aufwiegen. Daß die Palästinenser immer wieder und am allerbrutalsten von ihren sogenannten arabischen Brüdern verraten worden sind, darf auf keinen Fall entschuldigen, was im Konflikt Israel/Palästina geschieht. Ich sage das ohne Sympathie für irgendeines der Regimes, die da um uns herum sind. Die Dinge dürfen nicht miteinander vermengt werden, sonst gerät man sehr schnell ins Relativieren, und im Relativieren ist die israelische Rechte immer schon sehr gut gewesen: Was redet ihr von den zehn Palästinensern, die wir umgebracht haben? Die Araber haben 10.000 umgebracht! Das ist, wie wenn nicht ein Palästinenser einen israelischen Juden umbringt, sondern ein anderer Jude. Das eine Mal ist es der Feind, das andere Mal ist es dein eigener »Bruder« –

das ist viel schlimmer. So rationalisiert sich die eigene Tat ganz schnell weg.

Daß die größten Schlächter im Nahen Osten tatsächlich von arabischer Seite kommen, und daß sie immer auch ihre eigene Bevölkerung schlachten, kann man, in emanzipatorischer Absicht, von links vortragen, weil man repressive Strukturen aufdecken will, die eine Friedenspolitik verhindern. Man kann es aber auch, wie die israelische Rechte, vortragen, um stärkere Repression zu legitimieren. Ihr sagt, eine gute Okkupation sei immer noch besser als eine nationale Selbstbestimmung, unter der man – wie in Halabdscha – mit Gas vergiftet wird. Ich verstehe euren Impuls: Ihr wollt nicht mit Kritik an der israelischen Besatzung von deutschen Antisemiten vereinnahmt werden. Dabei darf man aber nicht aus dem Auge verlieren, daß es für die Palästinenser zunächst mal heißt, an Ort und Stelle Selbstbestimmung zu erlangen – nicht in Kuwait und nicht in Berlin.

Es ist wahr, daß die Leute im Regelfall tun, was ihre Führer sagen, ob aus Angst vor deren Gewaltapparat oder aus Respekt vor ihrer Autorität. Ein Beispiel: Wenn Öcalan heute das Gegenteil dessen sagt, was er gestern gesagt hat, gibt es dazu in seiner PKK praktisch kein Wort des Widerspruchs. In Syrien wäre das, nach deinen Worten, nicht anders gewesen. Werden auch Hamas, Djihad, Hisbollah schwach, wenn es kein arabisch-islamisches staatliches Interesse an ihrem Erfolg gibt?

In bezug auf Israel und Palästina stellt sich das Problem anders: Während die Israelis Mittel und Werte abtreten können, können die Palästinenser nur ihre Mythen aufgeben. Wenn Arafat sagt: Okay, legen wir diesen Konflikt bei, hat er sich vor dem fünfzig Jahre währenden Mythos der Palästinenser, daß sie eines Tages wieder in ihre Häuser nach Jaffa zurückkehren, zu verantworten. Ein mutiger Politiker muß sich über solche Sachen hinwegsetzen. Er kann sich aber nur hinwegsetzen, wenn er auch etwas anzubieten hat, zum Beispiel ein eigenes Territorium, in dem man sich selbst bestimmen kann, oder die Anhebung des Lebensstandards. Der palästinensische Führer, jeder palästinensische Führer kann das nur anbieten, wenn er es von Israel bekommt. Denn Israel hat die Oberhoheit über diese Gebiete, die militärische Kontrolle, die Möglichkeit, jederzeit in die palästinensische Lebenswelt einzudringen. Es hat uns alle erstaunt, wie leicht und schnell die Israelis die West Bank wieder besetzen, in die Städte eindringen und deren Infrastruktur zerstören konnten. Die Palästinenser wissen, daß die Israelis da die Machthaber sind. Die Palästinenser haben nichts als den heroischen, zuweilen aber auch schmutzigen Guerillakampf, dessen Symbol darin besteht, daß Arafat seit guten vierzig Jahren unrasiert im Kampfanzug herumläuft. Es ist vollkommen klar, wer hier Herr und wer hier Knecht, wer Reiter und wer Pferd ist.

Wenn Arafat sich gegen die Islamisten durchsetzen soll, muß man ihm ein politisches Kapital geben: die Räumung der besetzten Gebiete, den Abbau der Siedlungen, und zwar ohne sie – wie Scharon damals im Sinai – zu zerstören, eine Regelung der Jerusalem-Frage – aus Rücksicht auf ein bestimmtes religiöses Moment, das es bei den Palästinensern gibt, wobei mir alle versichern, es sei kein zentrales – und, wie gesagt, die symbolische Anerkennung des Rückkehrrechts der Palästinenser, Barak war darin schon sehr weit gegangen. Er hat die generöseste Offerte gemacht, die ein israelischer Politiker den Palästinensern jemals gemacht hat. Mit generös meine ich natürlich auch das, was diesem Attribut immer ein bißchen anhängt, nämlich das paternalistische Verhältnis von Herr und Untergebenem. Gemessen an den Reaktionen, die er in Israel befürchten mußte, war Baraks Angebot sogar mutig. Im Gegensatz zu Rabin, der nur eine ganz knappe Minderheit im Parlament hatte, war Barak freilich mit einer überwältigenden Mehrheit gewählt worden und hatte, weil er wußte, was auf ihn zukommt, eine ganz große nationale Koalition gebildet – mit zeitweise 80 von insgesamt 120 Mandaten. Die oppositionelle Rechte hatte so gut wie keine Chance.

Nun war, was er angeboten hat, zwar das bis dahin Generöseste, aber es war eben nicht alles, was anzubieten war: Die Jerusalem-Frage war noch nicht hinreichend geregelt, und ganz und gar ausgespart war das Problem des Rückkehrrechts. Das Ergebnis war um so katastrophaler, als Barak mit dem Anspruch aufgetreten war, den Konflikt endgültig zu lösen. Mit einem endgültigen Verzicht auf das Rückkehrrecht und mit einer endgültig ungelösten Jerusalem-Frage hätte Arafat nicht vor seine Bevölkerung treten können. Es wäre nicht genug gewesen, die Palästinenser zu bewegen, den Mythos der Rückkehr in die 1948 verlassenen Häuser aufzugeben. Arafat antwortete mit einer Gewaltmaßnahme, der Intifada, die am Anfang noch nicht so mörderisch war. Wir haben uns damals gefragt, was will der? Frieden strategisch mit Gewalt erzwingen? Offenbar hat auch Barak sich das gefragt. Vier Monate später, im Februar 2000, in Taba, wird die Sache ganz nebulös. Insider, deren Namen hier unerwähnt bleiben sollen, sagen: Barak und Arafat waren schon zu einer Abmachung – auch über die allerletzten Fragen – gekommen, die unterschrieben hätte werden können, aber im letzten Moment habe Barak einen Rückzug gemacht. Aus einem Grund, der mir übrigens einleuchtet: Er sagte, wir, die Israelis, bringen das im Moment nicht durch. Scharon lag bei den Umfragen schon ganz weit vorne. Es heißt, Barak habe nicht den potentiellen Frieden aufs Spiel setzen wollen, indem er die Wahlen mit dieser außenpolitischen Agenda verliert.

Und dann bricht die Hölle los. Die linken Zionisten waren verwirrt; viele von ihnen gaben sich »enttäuscht« von den Palästinensern und versammelten sich gleichsam um das Stammesfeuer. Alle wurden plötzlich ganz national. Es war schon immer ein Syndrom der zionistischen Linken, daß sie, wenn es darauf ankommt, wegbricht. So wie seinerzeit die Mapam-Partei, linke Sozialisten, die immer gegen Krieg waren – bis dann der Krieg ausbrach. Sobald der Krieg begann, hieß es: Alea iacta est, und der Widerstand wurde abgefedert. So war es auch nach dem Scheitern von Taba. Mit einemmal brach die gesamte Linke so zusammen, daß man sich fragen muß, was das denn für eine Linke war, all die ganzen Jahre.

Vielleicht eine nationale Linke?

Das ist, was der israelische Politologe Zeev Sternhel sagt: Es gab nie einen wirklichen Sozialismus im Zionismus, den Primat hatte immer der Nationalismus. Das stimmt auch für diese Linke. Als es ernst wurde, hatten – bildlich gesprochen – die paar, die sich treu geblieben waren, in einer Telefonzelle Platz. Auf palästinensischer Seite war es so: Sie waren schon zu fast allem bereit gewesen, hatten sich ideologisch entblößt, und standen nun nackt da. Jetzt mußte man zeigen, daß der Kampf weitergeht. So verstehe ich den Zusammenbruch des Oslo-Prozesses.

Wie friedensfähig ist die palästinensische Seite überhaupt?

Diese Frage hat einen Subtext: Es ist prinzipiell möglich, daß Israel untergeht, und wenn es passiert, geht der Nahe Osten mit unter. Niemand hat die Möglichkeit, Israel ins Meer zu kippen, wie es in der Pathosformel der Drohgebärde immer hieß. Die Rechte in Israel muß dieses Argument bringen, weil sie mit nichts anderem aufwarten und operieren kann als mit der Dauerdrohung: »Die wollen uns abschlachten«. Tatsächlich hat die Intifada jetzt wieder viele Israelis verängstigt. Das israelische Alltagsleben ist aus den Fugen geraten. Aber man muß auch in Notsituationen den emanzipativen Kopf kühl behalten. Und das hat die israelische Linke leider nicht getan.

Mit dem Scheitern der Verhandlungen im Oktober 2000 verliert Barak die halben Loyalitäten, die er in der arabisch-israelischen Gesellschaft besaß, vollständig. Barak verliert die Wahl so drastisch, weil nicht nur der enttäuschte jüdische Israeli auf die Seite Sharons geht, sondern weil auch der arabische Israeli nicht mehr Barak wählt.

Im Oktober 2000 ist etwas Schlimmes passiert, und zwar zum zweiten Mal in der israelischen Geschichte. Der israelische Polizeiminister, eigentlich ein wackerer Sozialdemokrat und emanzipativ denkender Mensch, der auch den Friedensprozeß immer

begrüßt hat, läßt bei Ausschreitungen zwölf israelische Araber und einen aus dem Gaza-Streifen, der
gerade im Norden des Landes zu Besuch war, man
muß in dem Fall schon sagen: erschießen. Und
wenn er dies persönlich so nicht gewollt hat (was
anzunehmen ist), muß man ihm dafür zumindest die
ministrielle Verantwortung abverlangen. Bekannt-
lich hat 1948 eine große Spaltung zwischen den in
Israel gebliebenen Palästinensern und den ins Exil
geflohenen Palästinensern stattgefunden. Zunächst
beschuldigten die in Israel gebliebenen Palästinenser
die geflohenen des Verrats; nach 1967 gewannen
dann die Geflohenen ideologisch die Oberhand und
beschimpfen die in Israel gebliebenen als Kollabora-
teure. Es gab da große Animosität und teilweise
schlimme Feindbilder. Als sie nun im Oktober 2000
mit einiger Vehemenz gegen die israelische Politik
protestierten, war das nicht nur eine Sache der Identifikation und Solidarisierung der israelischen Palästinenser mit ihren Brüdern in den besetzten Gebieten. Was hier zum Ausbruch kam, war die Frustrati-
on und Rage über eine fünfzig Jahre während sy-
stematische Unterprivilegierung und Diskrimini-
rung der mittlerweile 1,2 Millionen in Israel lebenden Palästinenser, die von vielen Israelis als fünfte
Kolonne, als Feinde im eigenen Land betrachtet
werden.
Es hatte auch früher Leute gegeben, die Straßen ge-
sperrt und ganze Bezirke in Israel lahm gelegt haben, etwa die Siedler, oder orthodoxe Juden, die Polizisten mit Tüten voll Kot beschmissen und sie als
Nazis beschimpft, oder gerade entlassene Arbeitslo-
se, die vor Fabriken Straßen mit brennenden Reifen
versperrt haben. Niemals wurde einer von denen
von der Polizei angeschossen. Gewalt, wenn überhaupt, wurde nur gegen die orthodoxen Juden ein-
gesetzt, die für den wackeren Zionisten eben ein ro-
tes Tuch sind, aber natürlich keine tödliche Gewalt.
Die Tötung so vieler Araber sagte den israelischen
Palästinensnern, daß ihr Blut offenbar billiger sei als
jüdisches. Das bedeutete einen qualitativ neuartigen
Riß zwischen der jüdischen Bevölkerung, der arabischen Bevölkerung Israels und dem israelischen
Staat, einen Riß, der umso schwieriger zu kitten sein

wird, als Teile der arabischen Bevölkerung, die sich früher von den Kommunisten vertreten fühlten, mittlerweile ins Religiöse abgedriftet sind.

Einer der Vorwürfe, die die Enkelgeneration den 1948 in Israel gebliebenen Großeltern macht, ist, daß sie servil waren, daß sie sich freiwillig in die Diskriminierung und Unterprivilegierung begeben haben, und zufrieden waren, wenn Funktionäre der Vorläuferin der Arbeitspartei, Mapai, in die arabischen Dörfer kam und dort, sinnbildlich gesprochen, ein paar Glasperlen verteilten. Das hat sich in der zweiten Generation geändert: Da entstand ein politisches Bewußtsein, das beispielsweise Einfluß auf die Parteien nehmen wollte. Was sich heute bedenklich breit macht, ist die Überzeugung großer Teile der jungen Generation, daß man zweierlei ist: Man ist israelischer Bürger, aber identifiziert und solidarisiert sich mit Palästina, auch wenn man gar nicht in den palästinensischen Gebieten leben will. Bedenklich ist es deshalb, weil dabei ein soziales Ressentiment auf eine politisch-nationale Ebene getragen wird, ein Ressentiment, das sehr reale materielle Ursachen hat: Dem arabischen Sektor werden Ressourcen vorenthalten, und wo immer der Staat etwas zur Hebung des Lebensniveaus beziehungsweise zur Verbesserung der Infrastruktur tut, sind die Araber die letzten, die man einbezieht. Hinzu kommt, geschärft durch den israelisch-palästinensischen Konflikt, ein wachsendes Ressentiment der jüdischen Israelis gegenüber den Arabern. Jedesmal, wenn es wieder einen in den besetzten Gebieten initiierten Anschlag gegeben hat, tut ein arabischer Israeli gut daran, sich nicht in den Straßen Tel Avivs zu zeigen – er hätte gute Chancen, wenn nicht gelyncht, so doch verdroschen zu werden.

Dennoch gibt es die Hoffnung, daß im Fall einer israelisch-palästinensischen Verständigung die jungen israelischen Araber einen Brückenkopf darstellen könnten. Viele von ihnen leben in der israelischen Kultur, partizipieren an wissenschaftlichem, technischem und kulturellem Wissen, das sie nicht aufgeben wollen. Bei der Überbrückung der Diskrepanzen könnten die orientalischen Juden eine ganze Menge leisten – ein Mann wie Schimon Balas, zum

Beispiel, ein irakischer Jude und einer der wichtigen Schriftsteller Israels, der sich selber als arabischer Jude betrachtet, weil er aus einer arabischen Kultur kommt. Kulinarisch haben die orientalischen Juden übrigens schon »gesiegt«: Das israelische Essen ist längst orientalisch-arabisches Essen und nicht mehr die Küche der europäischen Diaspora.

Es soll in der islamisch-arabischen Welt eine jugendliche Sehnsucht geben, die Radiosender Israels zu hören – aus Überdruß an der grausam schlechten Musik der arabischen.

Es gibt einige israelische Schlager, die in arabischen Ländern, vor allem in Jordanien und in Ägypten, Bestseller geworden sind, und zwar hebräisch gesungen, nicht arabisch. Platten und CDs mit israelischem Ethno-Pop verkaufen sich in arabischen Ländern zuweilen besser als in Israel selbst, was damit zu tun hat, daß die Ethno-Pop-Musiker in ihrem sogenannten orientalischen Gesang auch arabische Texte und musikalische Motive verwenden. Viele orientalische Juden wiederum hören und sehen arabische Sender. Ich steige neulich in ein Taxi in Tel Aviv ein, der Taxifahrer, etwa sechzig Jahre alt, hört einen Sender aus der West Bank, wo gerade Um Kultum, die vor etwa zwei Jahrzehnten verstorbene ganz große ägyptische Kunstsängerin der arabischen Musik, eine in der arabischen Region der Callas vergleichbare Diva mit riesengroßen Verehrerscharen, zu hören ist, und er lauscht, und ich sehe seine gläsernen Augen. Ich frage: Hörst du das immer? Er: Nur das. Und deine Söhne? Meine Söhne nicht. Habt ihr Konflikte? Ja, die wollen nicht, daß ich das höre. Die Söhne hören angelsächsischen Pop.

In Teheran, heißt es, hören die Jungen, die etwas besser gestellt sind, um Popmusik zu hören und ihre Abneigung gegen die Ajatollahs zu zeigen, demonstrativ Radio Israel.

Es gibt eben sehr gute Popsender in Israel. Und einer der avantgardistischsten schon seit den siebziger Jahren ist gerade der Militärsender, in dem man den allersubversivsten Punk und Hardrock immer zuerst gehört hat.

Andererseits wird von israelischen Linken behauptet, daß sich in der arabischen Jugend in Israel das nachvollzieht, was in den siebziger Jahren im Iran passiert ist: daß die Intellektuellen sich islamisieren. Beides geschieht. Es gibt eine zunehmende Islamisierung der arabischen Intelligenz, der Jugend allgemein. Das habe ich übrigens, als ich von der israelisch-jüdischen religiösen Plage gesprochen habe, vergessen zu erwähnen. Die orthodoxen Juden haben sich in den letzten 15 Jahren zunehmend nationalisiert, während sich die Nationalreligiösen zugleich, wenn ich den Neologismus verwenden darf, orthodoxiert haben, und zwar so sehr, daß es teilweise zu einer Entfremdung vom Staat Israel geführt hat. Vor einigen Jahren sagte mir bereits ein radikaler Vertreter der Siedlerbewegung während einer Podiumsdebatte, von ihm aus könnten die Juden eher auf Ninive, die Hurenstadt Tel Aviv, verzichten als auf Hebron. Auf der arabischen Seite gibt es nicht gerade einen Zulauf zu Hamas oder Djihad, das nicht, aber einen starken Zulauf zu den religiösen, nicht militanten Islamisten.

»30.000 Heilige«

Nochmal zu Edward Said. Bei vielem, was er schreibt, denkt man, das könnte das Niveau sein, auf dem Moshe und seine Freunde mit Vertretern der arabischen Welt debattieren. Er ist einer der wenigen Palästienser, die anderes zum Holocaust zu sagen haben als: Das geht uns gar nichts an. Er ist einer, der die Despotie in verschiedenen arabischen Staaten nicht verschweigt, der nicht behauptet, im Irak säße eigentlich niemand in Haft außer 17 Agenten der CIA. Und dann erledigt er alles mit dem Satz: »Meines Wissens hat kein Palästinenser die Bomben auf dem Marktplatz gutgeheißen oder auch nur vorsichtig gebilligt.«

Said ist jemand, der gut debattiert und auch mehr als nur debattiert. Mit ihm zusammen könnte man in

der Tat was unternehmen. Er hat den auf einen halt-
baren Frieden ausgerichteten Blick und wendet eine
ganze Menge Energie an, um die diesem Blick entge-
gengesetzten Kräfte zu demontieren. Zugleich muß
man sagen, daß der zitierte Satz der absolute
Schwachsinn ist. Es ist nachweisbar, daß die Terror-
bomben gebilligt werden und daß sie sogar von einer Majorität gebilligt werden. Aber daß vernünftige
Leute auch Schwachsinn verzapfen können, ist nicht
neu. Entweder sind sie ideologisch so verblendet,
daß sie der Beschönigung des eigenen Antlitzes bedürfen, oder sie sind schlecht informiert. Da ich Said
für sehr gut informiert halte, ist er in diesem Punkt
einfach ein Ideologe. Man kann großes Verständnis
für das Leid der Palästinenser haben. Wer die Palästinenser während des Golfkrieges für sechs, sieben
Wochen in den besetzten Gebieten einsperrt, ohne
sie von Israel aus zu versorgen, darf sich nicht be-
schweren, daß sie auf ihren Dächern tanzen, wenn in
Tel Aviv Scud-Raketen einschlagen. Man kann verstehen, daß die Palästinenser aus ihrer Leiderfahrung
eine Aggression entwickeln; aber wenn sie wie in
Ramallah, nachdem sie Juden gelyncht haben, ihre
blutverschmierten Hände in einem Volksfest feiern,
diese kannibalische Barbarei kann kein Said, kein
Ebermann, kein Zuckermann, das kann überhaupt
kein Mensch gutheißen. Daß es einen Zustand gibt,
der das zeitigt, rechtfertigt nicht die Billigung des
Gezeitigten. Das Problem von Said war es immer,
daß er durch sein Exil auch westlich geprägt ist, zugleich aber das Bedürfnis der Palästinenser befriedi-
gen will, als die große vergewaltigte Unschuld zu
gelten. Weil es historische Vergewaltigung in der Tat
gab, soll jetzt jeder Palästinenser a priori als un-
schuldig gelten – eine total verzerrte, zudem über-
flüssige Sichtweise. Aber sie wird – zumindest tak-
tisch – eingenommen, um bei den Palästinensern
Gehör zu finden. Er findet übrigens kaum Gehör,
weshalb Said und Zuckermann, wenn sie sich zu-
sammentun würden, samt ihren Anhängern in die
bereits erwähnte symbolische Telefonzelle paßten.
Es wäre für den Diskurs ziemlich irrelevant. Es ist
viel wichtiger, daß man mit Intellektuellen zusam-
menkommt, die vielleicht nicht so hochkalibrig sind

wie Said, dafür aber wichtiger für den innerpalästinensischen Diskurs.

Ein linker Nationalist ist, wenn es drauf ankommt, immer nur Nationalist. Jede linke nationale Bewegung endet, wo die deutsche Sozialdemokratie im August 1914 angekommen ist. Und wie die deutsche Linke im Zweifel lieber deutsch ist, ist die palästinensische im Zweifel lieber palästinensisch.

Es gibt einen Unterschied. Die deutsche Linke muß nicht mit den Franzosen um ihre nationale Identität kämpfen, das ist historisch erledigt. Sie kann es sich deshalb leisten zu sagen, die Überwindung des Nationalen sei ein Anliegen jedes wacker und redlich denkenden authentischen Linken. Das kann sich der palästinensische Linke noch nicht leisten ...

Und der jüdische?

Sehr schwer. Einer sitzt im Moment vor euch. Und fragt sich, was er eigentlich im innerisraelischen politischen Diskurs bewirkt? Unter uns gesagt: nicht sehr viel. Der Palästinenser steht vor noch einem anderen Problem. Er würde sagen, ihr Israelis könntet schon anfangen, an der Überwindung der nationalen Phase zu arbeiten, wir aber sind noch gar nicht dorthin gelangt. Der palästinensische Linke postuliert sozusagen die historische Notwendigkeit einer nationalen Phase, die dann irgendwann von einer bibeziehungsweise multinationalen überwunden werden kann. Es gab eine Zeit, in der die Palästinenser von einem binationalen säkularen demokratischen Staat redeten. Davon redet heute so gut wie kein Palästinenser mehr. Voraussetzung für die Überwindung des Nationalen ist die Lösung des Nahost-Problems. Diejenigen, die heute das Sagen haben, denken in Begriffen der nationalen Selbstbestimmung. Warum die Zionisten das tun, haben wir besprochen. Auch bei den Palästinensern geht es um die Antwort auf eine lange Leiderfahrung. Sie wollen einen eigenen Staat, auch wenn, wie im Falle der Juden und Israel, die meisten Palästinenser nicht in diesem Staat leben oder wohnen würden. Aber die

Möglichkeit soll es geben. Deshalb stellt sich dem durchschnittlichen Intellektuellen in Palästina heute ein ganz anderes Problem als dem deutschen linken Intellektuellen, der schon anfangen kann, sich Gedanken zu machen, wie das Nationale emanzipativ zu überwinden wäre. Offensichtlich müssen Kollektive seit der Französischen Revolution erst mal eine nationale Phase durchmachen, um dann zu dem Ergebnis zu kommen, daß diese historische Phase ein Riesenproblem darstellt. Ich habe es nie geschafft, einem Palästinenser zu verklickern, warum die nationale Selbstbestimmung keine so tolle Sache ist. Palästinenser können heute nur an ihren Nationalstaat denken. Das ist auch der Grund, warum intelligente Leute, bei denen man um Verständnis für Israel wirbt, sagen: Was habe ich denn mit der Shoa zu tun? Wir können uns nicht mit Juden solidarisieren, wir können nicht empathisch werden, wir können kein Mitleid entwickeln, weil es unseren eigenen, eben nationalen Befreiungskampf unterwandern würde. Man muß die derzeitige reale politisch-historische Phase in ihrer Eigenlogik begreifen. Wenn Arafat heute nicht für einen Nationalstaat kämpft, hat er niemand mehr hinter sich.

Was hat Arafat, was hat die palästinensische Autonomiebehörde überhaupt noch hinter sich?

Noch ist es die Mehrheit, eine große Mehrheit.

Dann müßten auch Leute dazugehören, die in Ramallah die Lynchmorde gefeiert haben.

Ich glaube nicht, daß der verbrecherische Vorfall in Ramallah charakteristisch ist für die palästinensische Gesellschaft heute. Es gibt natürlich eine Dimension in der palästinensischen Gesellschaft, die, wenn es zum Allerschlimmsten kommt, so etwas hervorbringen kann. Aber auch für die israelische Gesellschaft war es doch nicht insgesamt charakteristisch, daß eines Tages ein religiöser Jude die Knarre nahm und zwanzig, dreißig Moslems beim Beten niederknallte.

In Ramallah stand die halbe Stadt dabei und hat gejubelt.

Und in Israel pilgert man bis heute zum Grab des Mörders. Das Grab selbst ist zu einem Politikum geworden. Der Mörder ist heiliggesprochen worden, und die Rechtsradikalen haben die Parole ausgegeben, es möge noch 30.000 solcher »Heiligen« geben.

Wieviel Prozent der israelischen Gesellschaft repräsentieren die Rechtsradikalen?

Bedenklich viele, ohne daß sie nun schon symptomatisch wären für die israelische Gesellschaft. Das sind die mit den blutverschmierten Händen in Ramallah für die palästinensische Gesellschaft auch nicht.

Aber sie markieren eine Tendenz der palästinensischen Gesellschaft.

Wenn ihr das für die Tendenz der palästinensischen Gesellschaft haltet, müßt ihr euch auch mit der Tendenz beschäftigen, die die israelische Gesellschaft im Moment nach rechts hat. Heute wird in Israel über den Transfer mit einer Selbstverständlichkeit geredet, die noch vor fünf Jahren in der öffentlichen Sphäre einfach undenkbar gewesen wäre – jeder, der so geredet hätte, wäre fast schon als Volksverhetzer gerichtlich belangt worden. Heute wird in Talkshows locker darüber geplaudert.

Was heißt »Transfer«?

Die Vertreibung der Palästinenser aus der West Bank, wenn nötig durch das Militär und unter Einsatz von Schußwaffen.

Vertreibung wohin?

In den Augen des Schöpfers dieser Idee, des jüngst ermordeten ehemaligen Ministers Rechavam Zeevi, oder eines Ariel Sharon: am besten nach Jordanien.

*Und das wird in der Mitte der Gesellschaft disku-
tiert?*

Ja, mittlerweile redet man darüber. Ich behaupte
nicht, daß die Mitte der Gesellschaft den Transfer
will. Aber die Idee hat eine bedenklich zunehmende
Legitimität erfahren, und die Eskalation ist beidseitig. Der neue Führer der nationalreligiösen Partei,
dessen Vorgänger noch über Kant promoviert hatte,
redet nicht nur von der Möglichkeit eines Transfers
der Palästinenser in den besetzten Gebieten, sondern
er nennt die israelischen Araber das Krebsgeschwür
der Gesellschaft – ohne daß ihn jemand dafür zur
Rechenschaft zieht, weder die Ethikkommission der
Knesset, noch die Medien.

*Hätte Barak in der Gesellschaft, wie du sie be-
schreibst, für eine Vereinbarung, wenn sie in Camp
David oder danach zustande gekommen wäre, eine
Mehrheit gefunden?*

Die israelische Bevölkerung ist noch nie wirklich auf
die Probe gestellt worden, sie hatte nie mehr zu tun
als ihre Stimme abzugeben. Aber ob sie es wirklich
aushalten würde, wenn man anfinge, Gebiete, und
zwar neuralgisch besetzte, wie gewisse religiös be-
deutende Gebiete in der West Bank zu räumen? Es
ist ein Unterschied zwischen einer prinzipiellen Bereitschaft, dem psychologischen Impuls, von dem sie
ausgeht, und der Fähigkeit, entsprechend zu handeln, wenn der Moment der Wahrheit kommt. Ich
glaube, daß sich die israelische Gesellschaft insgesamt bis heute keine Rechenschaft darüber abgelegt
hat, welchen Preis sie für einen Frieden zu zahlen
bereit ist.

*In Umfragen gibt es zu guten Zeiten sichere Mehr-
heiten für eine Zwei-Staaten-Lösung. Aber was geschieht, wenn dazu 10.000 Siedler teils mit Gratifi-
kationen, teils aber auch mit Waffengewalt zum Abzug bewegt werden müßten?*

Ich meine, daß von den 220.000 Siedlern rund 90
oder 95 Prozent auf staatliche Anordnung abziehen

würden. Man würde dazu einige Zeit brauchen, weil Entschädigungszahlungen ausgehandelt werden müßten – es gibt ja nicht nur ideologisch orientierte Siedler, sondern auch ökonomisch motivierte. Wenn sich nun aber einige Tausend von ihnen der Räumung widersetzen würden, und zwar mit aller Vehemenz und unter Verwendung von Gewalt, ist es ganz und gar nicht ausgemacht, daß der Staat bereit wäre, sein Gewaltmonopol gegen sie anzuwenden, was ja heißen könnte, vor toten Siedlern, vielleicht auch toten israelischen Soldaten zu stehen – und das alles im Fernsehen... Man kann sich gar nicht vorstellen, was das in der israelischen Gesellschaft bedeuten würde. Alle psychologischen Ungeheuer, die unter dem Codewort Shoa geschlummert haben, würden wach, »Juden töten Juden« – ich könnte mir vorstellen, daß im Eifer des Gefechts Brigaden entstehen, um die Siedler in dem schon angedrohten »Bruderkrieg« zu verteidigen. Schon heute gibt es die Parole »Rückgabe der Gebiete = Bruderkrieg«, ohne daß die, die damit drohen, wissen, wovon sie reden. Israel steht auf keinem sehr festen Fundament, viele haben Angst vor einem möglichen Bürgerkrieg, und diese Angst genügt, einen in der Wahl dessen, was man bereit ist zu tun, sehr vorsichtig zu machen.

In der Mandatszeit wurden bei Auseinandersetzungen zwischen den verschiedenen jüdischen Organisationen von Juden mehr Juden getötet als englische Soldaten. Vor 18 Jahren gab es das Attentat eines Juden auf die Friedensbewegung. Das war nie ein Tabu, Juden töten durchaus Juden. Gilt die Angst vor einem Bürgerkrieg nicht eher der Möglichkeit, daß arabische Armeen sich die Lage zunutze machen und einmarschieren?

Nein. Gesetzt den Fall, es gäbe einen Bürgerkrieg und die Syrer marschierten ein, wäre der Bürgerkrieg über Nacht beendet und die Syrer kriegten den Hintern versohlt.

Wenn die israelische Gesellschaft so verfaßt ist, wie du sie schilderst, sieht es so aus, als hätte der

Friedensprozeß von Oslo nie eine wirkliche Chance gehabt.

Oslo hat unter den oben genannten bestimmten Bedingungen nicht geklappt. Es kann sein, daß die große gegenseitige Barbarei, die jetzt stattfindet, neue Möglichkeiten aus sich zeitigen wird, ganz andere. Jetzt werden die Karten gleichsam frisch gemischt und neu verteilt. Klar bleibt, daß unter den vier Bedingungen, die ich für eine mögliche Friedensregelung aufgezählt habe, nichts zu machen sein wird. Die Frage ist, was bedeutet es, daß nichts zu machen ist? Bedeutet es, die Besatzung einfach fortzusetzen, sich ein weiteres Jahrzehnt lang gegenseitig zu bekriegen und abzuschlachten, zwischendrin mal ein bißchen Ruhe zu geben und dann wieder loszuschlagen? Das würde nicht nur die palästinensische Gesellschaft verrohen, verrotten und zerstören, sondern auch die israelische Zivilgesellschaft zersetzen, zu Abwanderung und Kapitalflucht führen. Es könnte auch bedeuten, daß die Palästinenser sagen, okay, ihr habt gewonnen, wir geben klein bei, laßt uns einigermaßen anständig leben, die Oberhoheit, das Militär und die Verwaltung der Ressourcen könnte ihr behalten. Ihr müßt uns auch nichts zurückgeben, nur laßt uns gleichberechtigte Bürger werden. Das würde objektiv eine binationale Struktur schaffen. Die Israelis würden ein anderes Erziehungssystem brauchen, der Kampf um die wirtschaftlichen Ressourcen würde härter, und beim Blick auf diesen biethnischen Staat könnte sich die jüdische Diaspora, die sich übrigens vielerorts keineswegs selbst noch als eine solche wahrnimmt, irgendwann fragen: Was haben wir denn mit diesem Gebilde noch zu tun?

Vorbewußt ahnen die allermeisten Israelis, daß sie vor der Skylla, dem potentiellen Bürgerkrieg, und der Charybdis, der Entwicklung auf eine binationale Struktur hin stehen. Alles, was ich den Israelis raten kann, ist, das staatliche Gewaltmonopol gegen diejenigen zu verteidigen, die es unterminieren wollen. Die Israelis müssen, wie die Palästinenser, ihre nationalen Mythen aufgeben – statt »ganz Palästina« gibt es eben nur 28 Prozent, statt »Großisrael« eben nur das Israel in den 1967er Grenzen. Ich sage das nicht mit Zynismus oder Schadenfreude, nach dem Motto: Das habt ihr jetzt davon. Dieser Zustand ist für einen Zionisten in der Tat ein Riesenproblem, das er zu bewältigen hat. Es ist die Angst vor Identitätsverlust, die ihn trotzig sagen läßt: Wir sind der jüdische Staat. Gut, aber was heißt das, jüdischer Staat, wenn man selbst noch vier, fünf Millionen Araber hereinholt? Die Nationalreligiöse Partei bietet heute jedem israelischen Araber ein paar tausend Dollar, damit er freiwillig abhaut. Sharon, heißt es, nähme die erstbeste Gelegenheit war, die Araber in den besetzten Gebieten so zu verschrecken, daß sie flüchten. Viele meiner palästinensischen Kollegen, ganz rationale Typen, sprechen sich selber Mut zu, daß das, was 1948 passiert ist, nicht noch einmal passieren wird. Aber sie halten es für eine reale Möglichkeit. Und ich kann ihnen nicht groß widersprechen, weil ich Sharon in dieser Hinsicht einfach alles zutraue. Von allen israelischen Politikern und Militärmenschen ist er der unberechenbarste, manchmal auch brutalste, der nichts zu Ende denken kann. Und ich rede von seinen Militäraktionen im Gaza-Streifen Ende der 50er Jahren, von der (Militär-)Politik, die er im 82er Libanonkrieg betrieben hat, von der forcierten Besiedlung der West Bank in den letzten Jahrzehnten bis hin zur Katastrophe, die er im Moment veranstaltet.

Israel, kein »jüdischer Staat?«

Also: Oslo ist gescheitert. Auf einen binationalen Staat werden sich die Juden nicht einlassen. Was bleibt dann? Wäre es nicht denkbar, daß Israel die in Camp David und danach angebotene Vereinbarung, die die von dir genannten vier Bedingungen erfüllt, einfach einseitig in Kraft setzt? Wenn Sharon zu allem fähig ist, warum nicht auch dazu?

Es gab in der Tat die hoffende Vorstellung, daß gerade dieser Haudegen vielleicht der einzige wäre, der das durchsetzen könnte. Bislang spricht nichts dafür, daß er es tut, und ich fürchte sehr, daß er wie

Assad, der lieber gestorben ist als Frieden mit Israel zu machen, sein Lebenswerk, die Besiedlung der West Bank, bis zu seinem Tod verteidigen wird. Aber wer weiß – wenn er fähig wäre, die vier Bedingungen zu erfüllen, werde ich der erste sein, der sagt, okay, dann also mit ihm. Ich rechne nicht damit.

Es ist eine der Perversionen der israelischen politischen Kultur, daß Linke sehr oft die Amerikaner anrufen, damit sie kommen und bei uns Ordnung machen. Aber auch das hat sich als eine Chimäre erwiesen. Die Amerikaner sind eigentlich nicht so recht interessiert, neue Ordnungen zu schaffen, wenn ihnen ihre geopolitischen Interessen nicht eindeutig ein Involvement vorschreiben. Und Israel läßt sich von außen ohnehin nichts aufoktroyieren. Ökonomische Sanktionen würden nichts bringen, denn wenn sie wirklich, wie im Irak, dazu führten, daß Krankheiten ausbrechen, gar Kinder sterben würden, würde eine internationale jüdische Solidarität sehr bald Abhilfe schaffen. Überhaupt liegt die Zukunft Israels objektiv in der EU und nicht in Amerika, und das wenige, das die Palästinenser exportieren, geht ausschließlich nach Europa. Europa aber könnte schon deshalb Israel zu nichts zwingen, weil Deutschland, das noch Rücksichten aus historischen Gründen zu nehmen hat, in der EU eine so zentrale Rolle spielt. Es muß also schon so sein, wie Walter Grab seinerzeit sein Buch betitelte, daß ein Volk sich selbst befreien muß, und das gilt für die Israelis wie für die Palästinenser. Und noch einmal: Sollte Scharon sich als der Mann erweisen, der den Durchbruch zum Frieden bewerkstelligt – man weiß ja nie, ich habe nicht geglaubt daß Rabin fähig wäre, diese Wende einzuläuten –, dann verspreche ich hiermit, daß er meine Unterstützung haben wird.

Du hast geschrieben, Israel müsse sich entscheiden, ob es ein jüdischer oder ein demokratischer Staat sein will. Um aber seine Funktion als Zufluchtsort für alle Juden zu behalten, muß es ein jüdischer Staat sein, und wenn das nur heißt, daß sein Einwanderungsrecht Juden privilegiert – das Jüdische muß sich ja nicht aus der Zeit des ersten oder zweiten Tempels herleiten. Das bedeutet, Juden können kommen und andere nicht, unabhängig davon, wie dreckig es denen geht. Jüdischer Staat bedeutet gleichzeitig eine gewisse Subalternität anderer Ethnien, also der arabischen Israelis. Sie haben Wahlrecht und sind gleichzeitig von der Regierungsbildung ausgeschlossen. Die Frage ist, wie kann dieser Staat jüdisch bleiben und zugleich denen, die er diskriminiert, ein menschenwürdiges Leben ermöglichen.

Was soll ich darauf antworten? Du hast deine Entscheidung getroffen, du willst auf jeden Fall den jüdischen Staat, alles andere ist mentales Zubehör, hat eigentlich mit der Wesensentscheidung nichts mehr zu tun. Weil es Antisemitismus in der Welt gibt und weil jüdisches Leben wirklich bedroht worden ist, muß es nach dieser Auffassung eine Zufluchtsmöglichkeit in Form eines jüdischen Staates geben. Wobei natürlich klar sein dürfte, daß eine Welt ohne Antisemitismus kein Israel bräuchte.

Daß die eigene Selbstbestimmung sich aus dem Negativen ableitet, ist jedoch kein sehr angenehmes Gefühl für einen Menschen beziehungsweise für ein Kollektivsubjekt, die autonom sein wollen. Aber selbst wenn man das hinnimmt, stellt sich noch immer die Frage: Was heißt hier jüdisch? Bin ich jüdisch, weil andere bestimmt haben, daß ich jüdisch bin? Die meisten Israelis wollen sich mit einer solchen Vorstellung eigentlich nicht abfinden. Sie sind gerne bereit, den Holocaust zu fetischisieren, aber sie wollen nicht, daß ihr Judesein sich aus der Tatsache bestimmt, dass es Antisemiten auf der Welt gibt. Die nächste Frage ist noch gravierender: Theokratischer Staat oder halbreligiöser Staat, traditioneller Staat oder ein jüdischer Staat, der aber eben nicht von der Religion bestimmt ist, sondern von einer Schicksalsgemeinschaft oder, wie ich es nenne, von einer Lebenspraxis. Das Problem wird ganz unlösbar, wenn eines Tages Frieden eintreten sollte, und die Gestaltung des Staates nicht mehr durch äußeren Druck determiniert wird, sondern von dem intrinsischen Versuch zur Selbstbestimmung. Man kann keinen Judenstaat haben ohne Religion, obwohl Religion nicht die Grundlage des Judenstaates sein kann. Darüber ist man noch nicht hinaus. Deine Frage stellt sich mir nicht prinzipiell, sondern historisch. Sie leuchtet heute noch jedem Juden ein. Wenn dieser Judenstaat in Palästina existieren soll und nicht etwa – mit dem Gedanken wurde ja gespielt – in Kanada, was ohnehin besser gewesen wäre, muß zweierlei in Kauf genommen werden: Erstens, daß dieser Judenstaat nur dann auf Dauer existieren kann, wenn er es in Frieden tut – andernfalls ist er eine Bastion, die den Juden längerfristig auch keine Sicherheiten bietet. Und zweitens, daß dieser Staat nie der Staat nur der Juden sein wird, sondern sich demokratischen Problemen einer objektiven Heterogenität der Bevölkerung ausgesetzt sehen wird. Es wird, auch nach einer Trennung in die zwei souveränen Staaten Israel und Palästina, einen gemeinsamen Arbeitsmarkt geben, es wird eine zunehmende kulturelle Interaktion geben, man wird größere ökonomische Probleme nur gemeinsam lösen können. Das heißt, es wird sich herausstellen, daß die Trennung dieser beiden siamesischen Zwillinge letztlich nicht möglich ist.

Noch glaubt man, dem entgehen zu können, indem man eine Mauer errichtet. Aber das ist Vogel-Strauß-Politik. Was geschaffen werden muß, ist nicht ein jüdischer Staat, sondern ein israelischer Staat, der sich in den Nahen Osten integriert, der in dem, was man den neuen Nahen Osten genannt hat, aufgeht. Mit dem neuen Nahen Osten meine ich ein Modell, bei dem Know-how, Kapital und billige Arbeitskraft eine neue Phase von Globalisierung feiern, um zunächst nur diesen kapitalistischen Abschnitt (der dann natürlich überwunden werden muß) ins Auge zu fassen. Ein Zufluchtsort von Juden ist erst dann gewährleistet, wenn anstelle von Ausgrenzungen, Ausschluß und Divergenz Koexistenz und Zusammenarbeit treten.

Ich könnte mir theoretisch vorstellen, daß irgendwo auf der Welt ein Judenstaat existiert, wo es akzeptiert ist, daß in ihm nur Juden leben, warum nicht? Und wer Lust hat, soll dort hinkommen. Den gibt es aber nicht, den hat es nie gegeben und den wird es nicht geben. Und auch in Israel ist das Prinzip »Es muß einen jüdischen Staat geben« ins Wanken geraten. Es wird unter Bedingungen verteidigt, die der Zionismus nicht voraussehen konnte. Meine Mitbewohner, furchtbar nette Menschen, in ihrer Tendenz rechtsradikal, sagen: Wenn es um Araber geht, gibt es für die nur eine Lösung – die sollen alle weg hier. Ihr Argument: Die haben viele Staaten, wir nur einen. Hitler hat die Notwendigkeit des Judenstaates diktiert, Arafat wird dasselbe tun wie Hitler, wenn er kann. Natürlich kenne ich das Argument, es müsse nach Auschwitz einen jüdischen Staat geben, als Zufluchtsort, ich höre das täglich soundsovielmal. Aber Israel ist ein nicht nur jüdischer Staat, es leben in ihm 1,2 Millionen Araber, die sich nicht entfernen lassen. Und wenn es jemand versuchen sollte, wird Israel auch für die Juden kein sicherer Staat mehr sein. Das Prinzip »jüdischer Staat«, dem ich mich hier gar nicht wesenhaft widersetzen möchte, ist einfach nicht mehr praktikabel. Es sei denn um den Preis einer Gefährdung jüdischen Lebens in Israel und der Verwandlung Israels in einen völkermordenden Staat. Gerade nach Auschwitz hängt die Möglichkeit, jüdisches Leben in Israel zu garantieren, davon ab, daß es Frieden, daß es eine friedliche Koexistenz gibt.

Das setzt voraus, daß der arabische Antisemitismus die Virulenz verliert, die er jüngst bei der Konferenz in Durban gezeigt hat. So wenig im Moment Pogrome in den europäischen Kernlanden des Antisemitismus drohen, so sehr hat das antisemitische Potential in den Ländern der Dritten Welt, besonders in den arabischen Staaten und im Bereich des Islam zugenommen.

Man hat Juden, die in den fünfziger Jahren aus Marokko, Irak und Ägypten nach Israel gekommen sind, nach ihrem Verhältnis zu ihren Ursprungsländern befragt. Und die erzählten, in Marokko, wo das jüdisch-arabische Zusammenleben nahezu harmonisch gewesen sei, hätten sie unterm Schutz des Königs gestanden; gleiches berichteten Leute aus dem Irak, besonders aus den Großstädten, auch aus Ägypten über gute Beziehungen zu ihrer islamischen Umwelt. Es gab eine Zeit, wo in den arabischen Staaten Juden lebten, ohne daß Judenhaß oder auch nur Ressentiment eine nennenswerte Rolle spielte. Alle Befragten sagen heute, daß die Animosität mit der Gründung des Staates Israel begonnen hätte. Und die Bedrohung der Juden ging nicht von den Gesellschaften aus, sondern von den Staaten beziehungsweise von der jeweiligen hohen Politik. In den neunziger Jahren ist eine Delegation aus Marokko stammender Juden nach Marokko gefahren. Sie waren bei Hassan, dem damaligen marokkanischen König, eingeladen, und die Leute weinten vor Freude, ihren »gütigen Vater« wiederzusehn. Es zeigte, wie sehr diese Leute einer verlorenen Welt nachhingen, in der das, was heute mit Antisemitismus gemeint wird, nicht zu ihrer Lebenswelt gehörte. Das hat sich natürlich im Jahre 1948 von Grund auf geändert, aber auch da war der Antisemitismus noch lange nicht so massiv wie heute. Der heutige arabische Antisemitismus ist das Produkt einer bestimmten politischen Konstellation, vermittelt über drei Ressentiments: erstens, daß der Jude der archetypische Kapitalist sei, gleichsam der universelle Repräsentant des Finanzkapitals – eine Sache, die mit den Juden selber gar nichts zu tun hat, bei der aber der Jude als Kapitalist das koloniale Unglück »des Westens« repräsentiert; zweitens, daß der Jude, der Zionist, Agent und Vorreiter des westlichen Imperialismus, mithin der Durchdringung und Vereinnahmung des Orients durch den Westen sei, und drittens, daß der Nichtmoslem im Islam nicht nur ein Ungläubiger ist, wie der Goi im Judentum, sondern ein Sündhafter, den es zu unterwerfen gilt. Gekoppelt mit realem politischen Haß verschmelzen diese Ressentiments gegen den Westen, die Moderne, den Kapitalismus, seinen Protagonisten, den Juden, zu dem religiös aufgeladenen Syndrom des Antisemitismus.

Mußte es so kommen? Muß es bis in alle Ewigkeit so sein? Ich meine, wenn es zu einem Friedensschluß zwischen Israel und den Palästinenser kommt, würde der Teil des arabischen Antisemitismus, der sich aus dem antizionistischen Ressentiment speist, verfliegen. Es würde eine Zeit dauern, aber er würde verfliegen. Bleiben würde, was vom

Haß der Dritten Welt gegen die Erste Welt über die allmächtige Figur des Weltjuden vermittelt wird. Das könnte den Antisemitismus noch über Jahrzehnte speisen, zumal ich nicht erkennen kann, daß die internationale Politik darauf gerichtet ist, die Lage der Dritten Welt zu verbessern.

Laß uns nicht allzu schnell alles auf die objektive Situation schieben. Es gibt auch Subjekte, die da, wo sie stehen, anders könnten: Kommunisten, linke Sozialisten... Deshalb ja die Massenliquidierung von Kommunisten im Iran und im Irak.

Natürlich ist es möglich, sich über den Haß, über die Beleidigung, die Erniedrigung, der man ausgesetzt ist, zu erheben, aber es bleibt ein irrationales Moment, das nur zu überwinden ist, wenn die materielle Lage sich ändert. So wie für den Fall, daß die Migration aus der Dritten Welt eine Destabilisierung der weißen Gesellschaftsverhältnisse in Europa zur Folge hätte, der Antisemitismus auch hier wieder auflodern würde.

Unsere Freunde des Westens vergessen gern, wie dieser Westen alle, die etwas mehr Vernunft und ein besseres Leben in die Welt bringen wollten, ausgerottet hat. Auch Geschichte und Niedergang der Sowjetunion müßten einmal unter dem Gesichtspunkt geschrieben werden, daß der Westen der Entfaltung eines auch nur minimalsten Kommunismus so gut wie keine Chance gelassen hat. So daß es einen Kommunismus in dem Sinne, wie wir ihn verstehen, nie geben konnte. Und daß genau das gewollt war.

Oder nehmen wir das Geschrei, wie schrecklich sich in Indonesien die Religiosität ausbreitet – das soll ja auch nur vergessen machen, wie systematisch eine säkulare, halbwegs menschenfreundliche, mit der nationalen Bourgeoisie viel zu sehr paktierende Schicht von Politikern abgemurkst wurde – unter dem Patronat des Westens. Was nicht heißen soll, daß wir auf Religionskritik verzichten wollen. Am Islam, beispielsweise, dessen Koran eine der Quellen des heutigen arabischen Antisemitismus bildet.

Auch der jüdische Gebetsritus hat entsprechende Passagen: »... schütte deinen Zorn aus über die Gojim.« Alle Religionen sind sehr »menschenfreundlich«, wenn es gegen die Ungläubigen geht.

1840 schon gab es in Damaskus ein Judenpogrom, Vorwurf: Kindermord, ein europäisches Stereotyp, das da bereits im frühen 19. Jahrhundert im islamischen Raum auftaucht. 160 Jahre später heißt es in arabischen Zeitungen, Juden backten ihre Matze mit dem Blut arabischer Kinder.

Die Fälle sind nicht vergleichbar mit dem, was sich im christlichen Okzident über gute tausend Jahre an Judenhaß und späterem Antisemitismus entwickelt hat. Der Antisemitismus ist ein Produkt der Moderne. Und weil er ein Produkt der Moderne ist, konnte er so, wie er sich im Westen entfaltet hat, bis hin zum sadistischen Rassenantisemitismus und der Aussichtslosigkeit des Entrinnens vor antisemitischer Verfolgung, in der islamischen Welt nicht Fuß fassen. Die jüdisch-islamische Koexistenz des Mittelalters war glorios, das goldene Zeitalter. Wenn ich die Pogrome des späten neunzehnten und frühen zwanzigsten Jahrhunderts betrachte, stelle ich fest, daß der Antisemitismus sehr oft in Verbindung mit Antikommunismus auftrat. Auch der arabische Antizionismus vor der Staatsgründung war stark antikommunistisch aufgeladen, weil die sozialistische Ideologie, wie sie sich zumindest in Teilen der Kibbuzbewegung manifestierte, auch eine ideologische Bedrohung der arabischen Bourgeoisie und des Großgrundbesitzes darstellte. Nicht daß ich damit sagen wollte, Antisemitismus sei primär Antikommunismus, aber die Kopplung ist kein Zufall.
Und was Palästina betrifft, müssen wir, bevor wir über Antisemitismus reden, über den arabischen Antizionismus vor der israelischen Staatsgründung reden. Diesem Antizionismus geht es um etwas ganz Konkretes. Der Zionismus ist ihm ein Fremdkörper, der in das palästinensische Land gekommen ist. Da kommen Leute aus Europa und nehmen den palästinensischen Bewohnern des Landes aus ideologi-

schen, aber auch aus ökonomischen Gründen Land weg. Das Land, das der zionistische Pionier für menschenleer erklärt, ist ja nicht leer. Er kauft es, und wo er es nicht kaufen kann, usurpiert er es, indem er es fruchtbar macht. Da geht es um eine konkrete materielle Auseindersetzung, einen Konflikt um Ressourcen, nicht um ein Vorurteil. Es geht um Ausbeutung der Palästinenser, die auf den Plantagen der Siedler die allerbilligste Arbeitskraft waren. Es entstand ein Landproletariat, es entstand eine Art Klassenhaß, der von beiden Seiten geschürt wurde. Man muß mal in die Literatur schauen, wie Juden diese Araber damals betrachten – entweder romantisierend, als edle Wilde, oder verächtlich, als minderwertig.

Die zionistischen Einwanderer waren Kolonisatoren. Man kann den Haß, der ihnen – übrigens nicht von Anbeginn – begegnete, nicht als Antisemitismus apostrophieren. Das ist etwas ganz anderes und hat eher mit Stammesfehden, mit ethnischen Auseinandersetzungen zu tun. Der Antisemitismus entwickelt sich erst allmählich, je mehr Moderne die jüdischen Einwanderer in das prämoderne Gebiet hereintragen, bis es dann heißt: Die Moderne ist unser Feind, und weil die Moderne der Kapitalismus ist, sind die Juden, als Sozialisten und Kommunisten einerseits, aber eben auch als Sachwalter des Kapitalismus unsere Feinde. Natürlich bekommt man eine Gänsehaut, wenn man heute die Hetzkampagnen und die Haßtiraden in palästinensischen Schulbüchern liest und in den palästinensischen Fernsehsendungen sieht. Das ist schrecklich aus zweierlei Gründen: weil schon Kleinkinder in den Haß getrieben werden, und weil man sieht, wie unaufgeklärt die Leute sind, mit denen man Frieden schließen will. Und im Gegenzug schüren die Siedler in ihren Schulbüchern rassistischen Haß auf die Palastinenser. Menschen im Stande der Unfreiheit scheinen einen Lustgewinn an ihrer eignen Rückständigkeit, Voreingenommenheit, Vorurteilhaftigkeit zu haben. Das gibt ihnen Nestwärme.

Da bin ich in der Tat ganz Marxist, und ich denke, daß das Sein eben doch das Bewußtsein bestimmt.

»Linke Antisemiten – meine Todfeinde«

Ist nicht gerade der Antisemitismus ein Beispiel dafür, wie Ideologie sich von der materiellen Basis verselbständigt und ohne jeden rationalen Anlaß – von Ursache nicht zu reden – fortwirkt? Wenn in einem palästinensischen Schulbuch steht, Allah hat die Juden in unser Land gebracht, um sie auszulöschen, wenn die ägyptische Staatszeitung »Al-ahram« Hitler lobt, der aus Mitleid mit der Menschheit versucht habe, alle Juden auszurotten, wenn eine jordanische Zeitung schreibt, Eichmanns Tätigkeit habe sich als wirklicher Segen erwiesen, wenn das Wort »Nazi« in der arabischen Welt einen guten Klang hatte, bis die Sowjetunion, mit der diese Staaten verbündet waren, ihnen das ein bißchen abgewöhnt hat, wenn »Mein Kampf« und die »Protokolle der Weisen von Zion« Bestseller geworden sind, ist dann dieser »Überbau« nicht längst Basis? Zumal dieser Antisemitismus eben nicht Produkt des Islam ist, weshalb etwa Norbert Elias seiner ersten Lebensjahre unter osmanischer Herrschaft in einer bulgarisch-rumänischen Grenzstadt mit Dankbarkeit gedenkt. Die Behauptung, der Islam sei genuin antisemitisch ist Teil des Versuchs, das Christentum, unter dessen Ägide Auschwitz stattgefunden hat, als die vergleichsweise emanzipatorische Religion zu verkaufen.

Die Zitate aus »Al-ahram« und anderen Quellen belegen nicht, daß es in der arabischen Welt einen essentiellen Antisemitismus gibt. Daß jede Religion Zitate liefert, die Mitglieder anderer Religionen verteufeln, liegt im Wesen von Religionen. Keinen Antisemitismus gibt es nur im Judentum, auch wenn die schönsten antisemitischen Witze noch stets von Juden erfunden worden sind. Im Ernst: Die beste Arbeit über den Antisemitismus in den arabischen Ländern hat der Tel Aviver Professor Israel Gershoni geschrieben, ein Mann, links genug in seiner kritischen Ausrichtung, um die richtigen Fragen zu stellen, der zu dem Ergebnis kommt, daß es einen genuinen islamischen Antisemitismus nicht gibt. Der Antisemitismus, den es in der arabischen Welt heute gibt, muß politisch begriffen werden, wenn man ihn bekämpfen will und nicht als Horrorvisionen der Ausweglosigkeit instrumentalisieren. Ich will ja nicht sagen, die arabische Welt sei meine Lieblingswelt, in der alles edel und gut ist. Der Antisemitismus hat dort Formen angenommen, die zwar heute noch nicht die Vernichtung der dort lebenden Juden bedeuten, aber daß es da wildeste Phantasien gibt, das kann kein vernünftiger Mensch auch nur versuchen, in Frage zu stellen. Daraus eine Dämonisierung des Islams ableiten zu wollen, wie KONKRET das tut, halte ich für falsch. Religion ist Zivilisationsneurose, ich bin da ganz Feuerbach, ganz Marx und vor allem ganz Freud. Wenn wir diesen Ansatz verfolgen, bin ich sofort dabei. Daß Religion Neurose ist, sage ich in Interviews in Israel vorzüglich an hohen Feiertagen. Alle Religionen, auch das Judentum als Religion, müssen sich auflösen. Die Dämonisierung des Islam ist für mich ein politisches Problem und kein religionsphilosophisches. Der Islam ist heute ein Instrument im Kampf großer Teile der Dritten Welt mit der Ersten.

Die Konferenz gegen Rassismus in Durban, ein Solidaritätstreffen zugunsten der Dritten Welt, wurde zu einem antizionistischen Weltkongreß. Am Ende weigerten sich 81 Menschenrechtsgruppen, darunter Amnesty International, die Abschlußerklärung zu unterschreiben, weil sie extrem intolerant, verletzend, einseitig gegen Israel gerichtet sei und antisemitische Klischees reproduziere. Teilnehmer aus dem arabischen Raum leugneten den Holocaust und verteilten Flugblätter mit antisemitischen Karikaturen. Südamerikanische, afrikanische und indische Gruppen haben den arabischen Teilnehmern vorgeworfen, den Kongreß zu instrumentalisieren. Aber es gab auch viel Beifall, wenn der Zionismus als Feind aller Menschen bezeichnet wurde. Was auch da wieder Erfolg hatte, war die reaktionäre Form der Sozialkritik: die Verklausulierung des antisemitischen Gedankens im antikapitalistischen Sprechen. Antisemitismus ist immer Aufbegehren. Der Antisemit, wahnhaft getrieben, wehrt sich gegen etwas Übermächtiges. Das unterscheidet ihn vom Rassisten, der das Objekt seines Hasses verachtet. Er guckt nach unten. Der Antisemit guckt nach oben, und oben ist das Kapital. Deshalb gibt es linken Antisemitismus, er ist ein fehlgeleiteter emanzipatorischer Impuls.

Was ich nicht will, ist, daß die Kritik des linken Antizionismus das Problem entsorgt, welches die zionistische Oppression für Israel und Palästina heute darstellt. Auch diese Unterdrückung muß aus der Welt geschaffen werden. Daß die linken Antizionisten Antisemiten sind, entschuldigt den repressiven Zionismus, von dem ich rede, sowenig wie antisemitische Parolen in Durban. Weil diese Typen einen Knall haben, hat doch Sharon noch nicht recht; er bleibt für mich ein Kriegsverbrecher. In Deutschland treffe ich einerseits auf Antisemiten, andererseits auf Leute, die mich wegen meiner kritischen Haltung als Vorzeigejuden linker Antisemiten bezeichnen. Da kann ich nur antworten: Kinder, lehrt mich nicht, was Antisemitismus ist. Ich komme aus einem Zuhause, wo man das weiß. Ich brauche euren Nachhilfeunterricht nicht. Daß sich im linken Antizionismus ein Stück Antisemitismus codieren mag, steht für mich ganz außer Zweifel. Die Frage ist, was sich da codiert, und da bin ich mir nicht ganz sicher. Warum bedürfen Linke, die emanzipativ denken, des Antizionismus? Erste Antwort: Sie sind antisemitisch. Nächste Frage: Kann man emanzipativ sein, wenn man antisemitisch ist. Meine Antwort, kategorisch: Nein.

1848 in Paris, auf den Barrikaden im Kampf gegen die Kapitalherrschaft, zirkulierten bereits gegen das Judentum gerichtete Flugschriften. Der Antisemitismus hält damals Einzug in die Rhetorik der Linken und ein bißchen eben auch in den Marxismus, mit jenen Metaphern des Vampirs, des Aussaugenden, die sich bis heute gehalten haben und im Antiglobalisierungsdiskurs immer wiederkehren. Die Leute wollen Emanzipation und reproduzieren Reaktion.

Waren diese Leute in ihrem Wesen wirklich emanzipativ oder waren sie die Nachbilder von Reaktionären. Prekär wird die Sache bei Marxens Schrift über die Juden. Obwohl Marx etwas anderes meinte, sind darin Formen antisemitischer Rhetorik vorgebildet. Marx will die Emanzipation des Juden durch die Aufhebung des Kapitals und damit der Zirkulationssphäre. Daß Marx gleichwohl sich der Form nach antisemitischer Bilder bedienen konnte, verweist darauf, daß man nicht ganz immun ist, bloß weil man emanzipativ denkt. Um das mit Hermann Broch im anderen Zusammenhang zu sagen: Daß ich Kitsch als die größte Gefahr des 20. Jahrhunderts betrachte, bedeutet nicht, daß ich ihm gegenüber immun bin. Auch Marx darf mal furzen.

Mit Auschwitz als Exzeß des Antisemitismus ist ein weltgeschichtlicher Maßstab für das absolute Böse gesetzt worden. Damit kann man auf zweierlei Weise umgehen. Adorno sagt, es sei das Denken und Handeln im Stande der Unfreiheit so einzurichten, daß Auschwitz oder alles, was ihm ähnelt, sich nicht wiederhole; denn die Bedingungen für ein Auschwitz, das nicht unbedingt den Juden gelte, seien nicht aus der Welt geschafft. Die andere Möglichkeit, damit umzugehen, und das ist leider die, die letztlich Fuß gefaßt hat, auch bei Linken, ist, Auschwitz in einem emphatisch menschheitsgeschichtlichen Sinne als eine Universalschuld, als einen säkularen Sündenfall zu verstehen. Und mit Schuld geht man so um, daß man sie durchlebt, überwindet, sich ihrer entledigt. Es war ein Bedürfnis der Welt, aller, die nicht in Auschwitz waren, diese übermächtige Schuld zu entsorgen. Wenn der Staat Israel nicht da gewesen wäre, hätte man ihn erfinden müssen, damit an ihm die mit dem Antisemitismus aufgeladene Schuld entschuldet werden kann. Es ist kein Zufall, daß 1968 der Nationalsozialismus, der Faschismus thematisiert wird, nicht Auschwitz. Denn Auschwitz zu denken bedeutet, den potentiell ewigen Rückfall des Menschen in die Barbarei zu denken, die eigene Menschwerdung in Frage zu stellen. Das ist ein unerträglicher Zustand, übrigens auch unter Juden, besonders religiösen Juden, die darüber gottlos geworden sind. Denn wenn das möglich war, dann gibt es keinen Gott. In einer Welt, die gottlos geworden ist, ist man ziemlich einsam und verlassen. Man verfällt entweder in Kulturpessimismus oder in Zynismus.

Wenn es Israel als Zufluchtsort der Überlebenden nicht gegeben hätte, hätte man ihn erfinden müssen. Nicht nur Deutschland konnte an den Juden etwas »wiedergutmachen«, auch die Menschheit, die ihnen über die UN einen Judenstaat geschenkt hat. Dieser Judenstaat hat beiden die Möglichkeit gegeben, sich zu entlasten, indem sie an der Politik dieses Staates entdeckten: Die Juden sind doch gar nicht besser. Damit bedient der Antizionismus ein Bedürfnis, das mit dem Staat Israel, mit den Juden dort, auch mit der Okkupation überhaupt nichts zu tun hat, sondern mit der Unfaßbarkeit von Auschwitz. Ich bin in meinem eigenen Leben auf viele Leute gestoßen, die ihrer Unfähigkeit, die Vernichtung der Juden zu verstehen, mit einer schon peinlichen Überhöhung von Juden begegnet sind. Ich habe in diesem Philosemitismus immer ein Stück Antisemitismus gesehen, ich fühlte, daß sich in ihm eine Aggression verbarg, die nur auf ihre Chance wartete, zurückzuschlagen. Die Chance kam, als der Staat Israel Unrecht beging. Leute, die mit Israel oder den Palästinensern nichts am Hut hatten, denen der Konflikt dort unten ganz gleichgültig gewesen war, kamen plötzlich furchtbar in Rage. Wenn die Palästinenser den Holocaust instrumentalisieren, indem sie die Zahl ihrer aus Libanon Vertriebenen auf 600.000 hochrechnen, damit ein Äquivalent zu den sechs Millionen ermordeter Juden entsteht, hat das noch mit ihrem eigenen Leben zu tun. Wenn Linke irgendwo in der Welt sich diese Instrumentalisierung zu eigen machen, verselbständigt sich etwas, das Shula Volkov im Zusammenhang des 19. Jahrhunderts den Antisemitismus als kulturellen Code genannt hat. Diese linken Antisemiten sind meine Todfeinde. Das sage ich auch aus persönlicher Enttäuschung.

konkret

Staat & Gewalt

Osten-Sacken/Fatah (Hg.)

Saddam Husseins letztes Gefecht?
Der lange Weg
in den III. Golfkrieg

konkret texte Band 33
ISBN 3-930786-38-9
288 Seiten, € 14,80

Bestellungen unter:
www.konkret-verlage.de
Tel. 040/851 25 31

Am Irak scheiden sich die Geister, nicht erst seit George W. Bush den Sturz der Regierung angekündigt hat. Das Buch zeichnet den Werdegang der Diktatur Saddam Husseins nach und erklärt, wie aus dem Juniorpartner des Westens dessen erbittertster Feind werden konnte. Es analysiert die internationalen Beziehungen, das Innere irakischer Macht, ihre Ideologie und Funktionsweise, und erklärt, wie und warum Saddam Hussein sich an der Macht halten konnte und wie und warum die Deutschen ihm dabei halfen.

konkret

monopoly

Kuba libre
Eine Insel
spielt nicht mit

Hermann L. Gremliza (Hg.)

konkret texte Bd. 31
ISBN 3-930786-34-6
168 Seiten, € 12,80

Bestellungen unter:
www.konkret-verlage.de
Tel. 040/851 25 31

Wenn Kuba auch kein direktes Ziel des US-amerikanischen »Kriegs gegen den Terror« ist, so gehört es doch zu jenen »Schurkenstaaten«, die die führende Weltmacht am liebsten von der Weltkarte tilgen würde. Das Buch beschreibt die Geschichte der kubanischen Revolution, ihre Leistungen und ihre momentanen Schwierigkeiten sowie ihre mögliche Zukunft. Es präsentiert darüber hinaus aktuelle politische Analysen und Kommentare von Fidel Castro.

Autorinnen und Autoren: Ernst F. Fürntratt-Kloep, Hermann L. Gremliza, Miriam Lang, Gert Ockert, Conrad Schuhler und Mirta Yáñez